RAMON LLULL
espais

La col·lecció RAMON LLULL, diversificada en les sèries Narrativa i Espais (biografia, assaig, etc.), vol oferir, sempre dins l'àmbit de la llengua catalana, els títols més representatius de la vida i de la cultura d'avui. Fidel al que representa el nom que ha pres com a emblema, el del genial polígraf mallorquí, estarà oberta a tota curiositat intel·lectual, que aspira presentar als lectors catalans amb el màxim rigor i llibertat d'esperit.

D'avui a demà

Aquesta obra obtingué el Premi de les Lletres Catalanes Ramon Llull 1997, concedit pel següent jurat: Maria Teresa Bosch, Carme Riera, Pere Gimferrer, Gabriel Oliver, Valentí Puig, Carles Pujol, Antoni Vilanova i Marcel Plans, que actuà de secretari

Joan Corbella

D'avui a demà

L'home i la dona al tombant del segle

Premi de les Lletres Catalanes
Ramon Llull 1997

PLANETA

Còrsega, 273-279, 08008 Barcelona
(Espanya)

Disseny de coberta: Compañía de Diseño

Il·lustració de coberta: Coco Masuda/A.G.E.
Fotostock

Foto de l'autor: Pep Ribas

Primera edició: abril de 1997
Segona edició: abril de 1997

Dipòsit Legal: B. 17.171-1997

ISBN 84-08-02057-9

Composició: Víctor Igual, S. L.

Impressió: Printer Industria Gráfica, S. A.

Enquadernació: Encuadernaciones
Roma, S. L.

Printed in Spain - Imprès a Espanya

Sumari

INTRODUCCIÓ

A la meva consulta professional va arribar un home d'uns trenta anys que, després de donar-me les primeres dades personals i abans de poder demanar-li el motiu de la seva visita, va preguntar-me: «No li recorden res els meus cognoms?» Va deixar un considerable espai de silenci per facilitar-me la tasca de repassar mentalment quina podia ser la meva relació amb aquell individu. Finalment, en veure que la meva cara evidenciava desconcert, em va donar una pista per tal d'ajudar-me: «Sóc el germà d'en Marc», va dir amb la contundència de qui creu que les seves paraules faran efecte. I en van fer: vaig recordar de seguida en Marc H. M., un noi a qui uns deu anys enrere havia visitat diverses vegades al meu despatx.

Els pares d'en Marc van presentar-se a la meva consulta aclaparats pels problemes escolars del seu fill. Recordo que la primera vegada van venir sols, sense l'interessat.

El pare era un home d'uns cinquanta anys,

la mare en devia tenir quaranta i pocs. Tenien dos fills. En Marc, de disset anys, era el més jove; i, pel que van dir-me, el gran, de vint anys, era un «bon estudiant» i n'estaven orgullosos. En visitar-me i explicar-me el motiu de la consulta van mostrar-se molt angoixats pels estudis del seu fill. Aquest, després de repetir el primer de BUP, estava repetint el segon i obtenia de cinc a sis insuficients en cada avaluació.

La mare portava la iniciativa de l'exposició i mostrava el seu desconcert per la situació del fill. Segons els havien dit els professors, era un noi intel·ligent però «molt gandul». Ells mateixos també ho havien pogut constatar en veure la facilitat amb què en Marc aprovava algunes assignatures al setembre sense haver de fer gaires esforços: «De fet, si s'ho proposa, se'n surt, però no hi ha manera que s'interessi pels estudis.» Els pares es queixaven de la manca de motivació pels estudis del fill, malgrat la seva insistència a donar-los importància i demostrar que eren necessaris. Descrivien una situació d'enfrontament permanent entre pares i fill a causa dels estudis i es mostraven derrotats per la poca disponibilitat d'en Marc: «No hi ha manera, no reacciona.»

Vaig interessar-me per si hi havia algun problema al marge dels estudis. Ho vaig fer per veure si les tensions que es desprenien de la seva explicació havien afectat la convivència, la qual cosa no hauria estat excepcional. Van contestar-me que no: «És un bon noi —ara el que contestava era el pare—, però no hi ha qui el faci posar davant d'un llibre, l'únic problema que tenim amb ell són els estudis.» Davant de la contundència de la resposta era evident que el problema se centrava en el fet que en Marc era un mal estudiant, al marge d'altres factors que limitessin les seves possibilitats. Calia descartar que l'actitud dels pares no fos la més adient per motivar el seu fill, per aquest motiu els vaig preguntar si li estaven molt a sobre, si l'aclaparaven massa. La resposta palesava una actitud paterna prou explícita: «Sí, és clar, no podem permetre que, sent tan intel·ligent com és, hagi de deixar els estudis.» Justificaven la seva actuació amb l'argument que, avui dia, els estudis són imprescindibles i no es pot aspirar a res sense alguna titulació. Molts pares consideren que el millor llegat que poden donar als seus fills és una titulació universitària i estan convençuts que cal fer tots els possibles per aconseguir-ho.

Vaig intentar iniciar una lleu crítica a la seva actitud apuntant que podria ser que l'aclaparessin massa. Em van replicar que ho havien provat tot —insistir molt que estudiés, planificar-li les tasques, estimular-lo a les bones, renyar-lo, castigar-lo, oferir-li premis..., «fins i tot li vaig prometre una moto si aprovava el segon»—, però res no havia modificat la poca disponibilitat pels estudis d'en Marc. Els pares posaven de manifest la seva impotència enfront del problema dient-me: «No reacciona a cap estímul, sembla indiferent a tot.»

Vaig preguntar pels informes dels seus professors i van exposar-me que sempre els havien dit el mateix, que era força intel·ligent, bon noi, noble, molt amic dels seus amics, però molt gandul a l'hora d'estudiar, desmotivat i poc interessat per les classes. Pel que em deien, més d'un professor els havia manifestat la seva incapacitat per resoldre la manca d'interès per estudiar del seu fill. Segurament l'actitud dels professionals davant aquest problema havia incrementat el desconcert dels pares i havia alimentat la sensació d'impotència que demostraven.

Calia saber si era un noi passiu o indolent, sense cap motivació. La resposta també va ser demostrativa: «No, sempre està a punt per fer coses, tot li agrada menys estudiar, sempre estaria fora de casa, hem hagut de prohibir-li que jugués a bàsquet perquè tingués més temps per estudiar. Per als esports no és gens passiu, ni per a qualsevol altra activitat que no sigui estudiar a la seva habitació.»

Segons es deprenia de les explicacions que em donaven, el noi no tenia pas una actitud rebel davant dels seus pares, els quals, impulsats per les ganes d'aconseguir que estudiés, l'havien castigat amb prohibicions diverses, com la de practicar un esport que li agradava: «Ja li hem dit que és molt bon nano, ell comprèn que tenim raó, ens promet una i mil vegades que estudiarà, però a l'hora de la veritat, no ho fa.»

Eren uns pares molt angoixats pel fracàs escolar del seu fill. De fet, com resulta evident, de la visita esperaven una resposta que els permetés trobar un camí que els ajudés a fer estudiar en Marc. Els vaig proposar que em portessin el noi per tal de poder-lo conèixer i fer-li algunes proves psicològiques que ens permetrien veure quina podria ser la causa de la situació en què es trobava el noi.

En Marc era un noi afable, no gens tímid i amb força capacitat d'autocrítica respecte a la seva situació. Se sentia culpable del neguit que ocasionava als seus pares i es mostrava disposat a fer el que fos necessari per resoldre el problema amb els estudis; al mateix temps, però, manifestava un cert escepticisme i impotència: «Jo voldria estudiar, em faig bons propòsits, però a l'hora de la veritat continuo igual.»

Les exploracions psicològiques van posar de manifest que era un noi amb unes capacitats normals, fins i tot una mica per sobre de la normalitat estadística; però també evidenciaven que era un noi extraordinàriament extravertit, dispers, amb dificultats per centrar l'atenció i per concentrar-se en l'estudi i en les explicacions dels professors. Tenia recursos per estudiar el segon curs de BUP sense dificultats, però els trets de la seva personalitat li feien molt difícil la tasca d'obtenir uns bons resultats escolars. La desmotivació pels estudis era molt considerable, a més, els repetits fracassos que havia tingut l'havien augmentat. Em va dir: «Si no fos pels pares, ho deixaria ara mateix. Estudiar és un pal i estic cansat de fracassar.» Quan li vaig preguntar si feia tot el que podia, em va respondre: «Jo m'ho proposo, però em distrec amb qualsevol cosa. Mentre estudio, pel meu cap passen tota mena de pensaments, crec que no serveixo per estudiar i, per acabar-ho d'adobar, no m'agrada gens.» Semblava disposat a tot per poder deixar els estudis. Li vaig preguntar què li agradaria fer i em va contestar: «Qualsevol cosa que no fos estar tancat i sol en una habitació.»

Vaig intentar convèncer els pares que tenien un fill sa, però sense una personalitat adequada per estudiar i que la repetida successió de fracassos havien incrementat una desmotivació que li provocava una aversió a l'estudi que seria molt difícil de superar. La meva intenció era començar a mentalitzar els pares d'en Marc de la conveniència de buscar una alternativa per al seu fill que no impliqués haver d'estudiar. Això era el que ells menys volien sentir; però, al meu entendre, era el que els havia de dir. En aquestes situacions se sol entrar en un cercle viciós que fa que la insistència paterna no aconsegueixi altra cosa que augmentar l'aversió del fill envers el motiu de la insistència o queixa paterna. Conec casos en què, tan sols després d'un temps d'abandonar els estudis i un cop els pares han deixat d'insistir, el fill ha volgut tornar a estudiar i ho ha fet amb uns resultats força més brillants que abans. Haig d'afegir que no era pas aquesta la previsió que jo feia per a en Marc: el veia tan «cremat» que em pensava que era molt poc probable que volgués estudiar ni ara ni mai, encara que els pares deixessin de pressionar.

Els pares es van decebre amb la meva resposta. Em consta que no es van donar per vençuts i van cercar l'opinió d'un altre professional. Aquest, pel que van dir-me després, els va aconsellar, si fa o no fa, el mateix que jo.

Vam haver de fer un seguit de xerrades per aconseguir que admetessin que el millor que podia fer en Marc era deixar el BUP, procurar fer algun curset per reciclar-se i mirar de cercar alguna feina. Finalment, en no aconseguir superar el segon de BUP —ni a la convocatòria de juny ni a la de setembre—, van accedir a deixar que en Marc busqués feina. No en vaig saber res més fins que va venir a veure'm el seu germà.

Ara tenia davant meu en Joan, el germà gran d'en Marc. Recordo que, en les converses amb els seus pares, aquests feien referència a en Joan com «l'altra cara de la moneda». Era estudiós, treia bones notes, mai no s'havia hagut d'examinar al setembre i havia aconseguit una excel·lent qualificació a les proves de selectivitat. Els pares se'n mostraven orgullosos. No podien evitar la comparació entre els dos germans. Al llarg de les diverses entrevistes que vam mantenir procurava insistir molt en la inconveniència de comparar-los, tenint en compte que, a part de resultar incòmode per a en Joan, era aversiu per a en Marc i malmetia les relacions entre els dos germans. Al marge d'aquest aspecte, jo no tenia cap altre tipus de referència d'en Joan.

Un cop presentat, en adonar-se que havia recordat el cas del seu germà i les entrevistes amb els seus pares, va preguntar-me: «Vostè se'n recorda del que va passar amb el meu germà, oi?» Li vaig contestar que sí i vaig aprofitar l'ocasió per saber quin havia estat el seu futur. En Joan, amb una mica de ressentiment, va dir-me: «Ara és el rei a casa. S'ha casat i té un fill, als meus pares els cau la bava. És venedor de cotxes i les coses li van la mar de bé.»

Quan li vaig preguntar pel motiu de la seva visita, va dir-me: «Miri, jo, com vostè pot veure per les dades que li he donat, sóc físic. Vaig fer el doctorat i vaig aconseguir una beca per investigar durant un any fora del país. Ara sóc professor, faig el que mai no havia volgut fer. Tota la vida m'he penedit d'haver continuat estudiant pel sol fet de no disgustar els pares.» Palesava una certa agressivitat envers ells, com si els seus pares fossin els culpables dels seus estudis i de la seva situació actual. Li costava admetre que durant uns quants anys se sentia feliç de ser el bon estudiant i el fill predilecte. Al mateix temps, però, tenia interès a demostrar que la situació el va deixar sense possibilitat d'elecció: «Jo era el fill bo, el que no els donava disgustos i, per tant, havia d'estudiar, només els faltava que jo també els fallés, s'haguessin mort del disgust.» En preguntar-li si li agradava estudiar, em va contestar que no s'ho havia arribat a plantejar mai: «Jo era el típic noi que no tenia cap dificultat per treure bones notes.» Era un estudiant brillant, anant a classe i repassant una mica abans dels exàmens no tenia problemes per treure bons resultats. A casa seva hi havia un clima de preocupació pel que li passava al seu germà i ell se sentia responsable de no disgustar més els seus pares, que ja en tenien prou amb les trifulgues d'en Marc i els desenganys que tenien cada vegada que arribaven les seves notes. Durant un temps li va ser gratificant ser qui els proporcionava alguna alegria, això era motiu suficient per estudiar. Admetia que a ell no li costava fer-ho, «si no, potser no ho hauria fet, però també cal dir que, tot i no costar-me estudiar, no m'agradava gaire; recordo el sentiment de gelosia que vaig sentir quan el meu germà va trobar la primera feina». Segurament motivat pels esdeveniments posteriors, afegia: «Sovint, encara que això costi d'entendre als qui ens coneixen, he envejat el meu germà.»

Em vaig interessar pels motius que el van portar a estudiar físiques. Segons sembla, els pares i els mestres li van aconsellar que estudiés ciències perquè estaven més ben considerades. A l'hora de triar una carrera, va decidir-se per la física com ho hagués pogut fer per qualsevol altra. Segurament també es veia impulsat a cursar alguna carrera difícil, així podria mantenir el seu prestigi davant de la família i els professors.

Sembla que també hi va influir el fet d'obtenir una qualificació molt bona de física a COU. Era una assignatura difícil, a alguns dels seus companys els havia costat força d'entendre-la i aconseguir superar-la, això li va fer pensar que ell podia estar dotat per estudiar-la.

No va adonar-se, en aquell moment, que fent la carrera de físiques podia acabar donant classe: «Mai no m'havia vist fent de professor, no m'agrada gens. Em sento estafat per un destí que no vaig triar... Si més no, no el vaig triar coneixent-lo del tot.»

Em vaig interessar per conèixer la seva situació actual, fins llavors només havíem fet referència als antecedents. Va exposar-me el sofriment que provoca el desencís i la frustració de les expectatives personals. Vivia una situació de crisi: «Ja fa uns quants mesos que estic malament, per això he vingut. De fet, des del començament del curs que estic desanimat, no tinc il·lusió per res, pateixo insomni, de tant en tant em sento molt neguitós i fumo molt.»

Li vaig preguntar si havia sentit alguna cosa igual anteriorment i va dir-me que ja feia anys que tenia la sensació d'estar caminant per un camí que no li pertocava, «com si representés un paper que no he triat, però mai no m'havia sentit tan malament com ara». Mentre era estudiant se'n sortia prou bé, aconseguia bones notes i aspirava a realitzar tasques d'investigació quan acabés la carrera, si bé admetia que no es plantejava gaire el que li esperava. Vivia fent vida d'universitari, s'ho passava bé i, com que estudiar no li era dificultós, no estava malament. En començar a treballar i veure que totes les seves sortides professionals es reduïen a donar classe, van començar els neguits i el malestar. «No sé si el que em passa es pot considerar una depressió.» El seu ànim es mostrava bastant depressiu. Calien, però, més dades per fer un diagnòstic.

Al llarg de la conversa va anar explicant com la seva vida afectiva no havia estat gaire favorable. Va tardar temps a sortir amb noies i una relació, que va durar un parell d'anys, va ser trencada per la noia sense que ell en sabés el motiu. Les relacions amb els pares s'havien deteriorat al llarg de la carrera; «estaven acostumats a les meves notes i ja no els causaven alegria, les esperaven bones, al final ni me les preguntaven». Posava de manifest que, quan van acceptar que en Marc no volia estudiar, van perdre l'interès pels seus estudis. La percepció que ell tenia de la situació era que, per als seus pares, el fet de veure que un fill podia tirar endavant sense estudiar una carrera va fer que donessin menys importància als seus estudis. Això es va veure incrementat quan en Marc va començar a guanyar diners i ell no, la qual cosa va modificar, al seu entendre, la situació de «fill preferit» que havia tingut fins llavors.

En Joan presentava una desadaptació laboral que li provocava una crisi personal amb símptomes lleus de depressió i angoixa. Tendia a culpabilitzar els seus pares del que li passava, tot i que considerava normal el comportament que aquests van tenir pel que fa als estudis d'un i altre germà. D'altra banda, en Joan vivia malament el fet de ja no ser el fill predilecte, i tot plegat ho sentia com un fracàs.

Després d'unes setmanes de tractament en Joan va recuperar el seu estat d'ànim. Els evidents trets depressius que el van portar a la consulta van apaivagar-se, fet que li permetia fer front a la seva realitat amb possibilitats de sortir-se'n.

Amb l'ànim recuperat va adonar-se que havia de prendre decisions per tal de viure de manera que li fos menys depressora; les seves opcions passaven per acceptar la seva situació, continuar en l'ensenyament i mirar de millorar les seves expectatives procurant fer recerca o opositar per accedir a la universitat, procurar trobar a la professió de físic unes altres possibilitats laborals o renunciar a la seva carrera i buscar una feina completament diferent. La decisió no era gens fàcil, sobretot en uns temps amb poques oportunitats per escollir opcions laborals.

Pel que sé, en Joan va decidir no renunciar a la seva condició de físic ni, de moment, a l'ensenyament, no va veure's capaç de renunciar a la seguretat que li donava la seva feina, però va decidir-se a continuar estudiant per optar a fer recerca i no va tancar-se les portes a fer carrera com a professor universitari. En donar un pas endavant en les seves aspiracions i posar-se fites que el podien engrescar, podia viure molt millor la seva situació. La darrera vegada que el vaig veure em va anunciar que sortia amb una dona i que volia casar-s'hi. Semblava satisfet de com li anava la vida.

El pares d'en Joan i d'en Marc van actuar com fan una gran quantitat de pares. Pensen que el que ells consideren bo, també ho ha de ser per als fills, fan una valoració del futur amb criteris arrelats en el present. Veuen en els seus fills una projecció d'ells mateixos i, per aquest motiu, els aconsellen segons els seus criteris. Res a dir, sigui com sigui és un comportament molt generalitzat i aparentment justificat per l'experiència paterna i per la suposada incapacitat dels joves a decidir el seu futur amb garanties d'encert.

Quan els pares d'en Marc i en Joan venien a la meva consulta, era evident que vivien amb intensitat la vida acadèmica dels seus fills. Com he dit, està molt generalitzada la idea de considerar que el millor llegat que poden deixar als fills és una bona educació i, si pot ser, que aconsegueixin un títol universitari.

Ben sovint s'actua creient que el futur ens pertany. Pensem que el que ara és sempre serà com ara i volem aplicar els valors del present a un demà que és molt més incert del que pot semblar. Ens equivoquem si no ens adonem que el temps passa de pressa i que amb aquest canvien moltes coses, que el que avui pot ser inqüestionable demà pot, no tan sols qüestionar-se, sinó que pot arribar a ser diferent, fins i tot antagònic. També ens equivoquem si pensem que els canvis són progressius i previsibles. Sovint són tan vertiginosos que no permeten ser digerits.

Una bona part dels conflictes generacionals sorgeixen del convenciment que tenen els pares de conèixer com serà el futur dels seus fills. Es creu que viuran una vida amb molts paral·lelismes amb la seva. Això era més o menys així fa un temps, tan sols unes decàdes, però ja no ho és i encara ho serà menys, molt menys, d'ara endavant. És una realitat de les acaballes del segle xx.

El temps passa tan de pressa com ha passat sempre, però el progrés evoluciona vertiginosament. Els hàbits socials, les relacions laborals, les formes de vida, els condicionants de la quotidianitat es modifiquen a una velocitat que s'accelera amb progressió geomètrica. Caldrà que tinguem en compte que resulta molt difícil esbrinar el futur i, per tant, planificar-lo, la qual cosa implica la necessitat de saber adaptar-se a les novetats que modifiquin la nostra quotidianitat.

Els pares d'en Marc i en Joan mai no van pensar que l'evolució dels seus fills pogués ser tal com va ser, d'altra manera no s'haguessin entestat a voler perpetuar el que ells consideraven desitjable; segurament un i altre germà s'haurien estalviat molts patiments.

El futur no ens pertany, sigui com sigui, només podem incidir-hi per mitjà del dia a dia. Viure pendents del que suposadament serà el nostre entorn en un futur és, inevitablement, una inquietud humana, però també és córrer un elevat risc d'equivocar-se.

Ara, a les portes d'un nou segle i d'un nou mil·lenni, podem caure en el parany de dedicar-nos a la prospectiva. Endevinadors profètics sense escrúpols o estudiosos de l'evolució de la vida humana poden, honradament, afanyar-se a esbrinar com serà el nou segle. Em sembla que ens espera un devessall de profecies que posaran de manifest la permanent necessitat humana de conèixer el demà. Tasca, al meu entendre, molt temptadora, però impossible d'assolir.

La perspectiva del canvi de segle, envoltat d'incerteses i d'una considerable dificultat per inferir el tipus de quotidianitat que ens espera, ha suscitat el desig d'escriure aquest llibre. No em mena cap voluntat de fer premonicions, ja hem vist que resulta ingenu pretendre esbrinar com serà el futur, tampoc no em proposo fer un estudi prospectiu i encara menys competir amb la munió d'«endevinadors» i vidents que intentaran treure profit del fet de passar d'un segle a l'altre. La meva intenció és, tan sols, fer una reflexió sobre allò que, en l'observació de la quotidianitat actual, són conflictes no solucionats en el moment present i que, per tant, tampoc ho estaran en un futur immediat.

Des de la perspectiva de l'individu immers en un context social que el condiciona, la vida quotidiana és sacsejada per un seguit d'influències que afecten comportaments i actituds. Els reptes personals que haurem d'afrontar poden estar vinculats a les vivències de cadascú o formar part del gruix de conflictes col·lectius que afecten, en més o menys intensitat, el nostre comportament personal. Algunes d'aquestes situacions tenen una repercussió molt directa en la vida privada, en l'estat d'ànim i en el desenvolupament de les relacions interpersonals. No són situacions extremes ni de conflictes de difícil formulació teòrica, ans al contrari, poden sorprendre per la seva simplicitat, es tracta d'aspectes que afecten considerablement la vida quotidiana i que, al meu entendre, comporten reptes que haurem d'afrontar. Alguns dels reptes col·lectius del món occidental que afectaran la vida quotidiana dels individus en el pas d'un segle a l'altre podrien ser, en un nivell personal, els canvis de rol de l'home i la dona; i en un nivell que afecta l'entorn social en què vivim, el pas d'una perspectiva segura a un futur marcat per les incerteses, l'allau de noves tecnologies, la necessitat de trobar una resposta a un tipus de vida cada vegada més agressiu i el considerable allargament de la vida que fa que la població de persones grans augmenti de manera progressiva, amb aparició de noves patologies físiques, psíquiques i socials.

En aquest enunciat dels temes que desenvoluparé en el present llibre, veiem com el primer dels aspectes afecta l'espai més íntim de la persona. L'home i la dona, pel que fa al món occidental, han afrontat i resolt allò que afecta la seva dimensió pública, els drets de vot i de treball són reconeguts sense limitacions. Queden, però, com a assignatures pendents, les actituds dels uns envers els altres. La resta de reptes se situen en l'entorn social que afecta el comportament individual.

En la primera part del llibre ens dedicarem a veure com els homes i les dones cerquen camins per fer compatible una nova manera de viure i conviure amb la igualtat i les diferències; en la segona veurem com intenten adaptar-se a unes noves situacions que actualment són condicionants i desencadenants de conflictes que s'han de resoldre o, si més no, afrontar.

Cadascú participa d'alguna manera en els conflictes col·lectius i viu afectat per aquests en graus diversos. Les respostes personals són també diferents, més o menys afortunades, més o menys adaptades a cada situació; en tot cas, cada realitat social té una lectura personal. Allò que viu la col·lectivitat ens afecta a cadascú de nosaltres de manera diferent i, alhora, amb trets comuns; per això podem treure conclusions de les experiències d'altres persones.

He recorregut a l'exposició de casos reals que, amb el corresponent canvi de noms, professions i context social, són del tot inidentificables, fins i tot pels propis protagonistes. També he incorporat elements d'altres historials clínics que podien enriquir la descripció. Cal deixar clar que, basant-me en el coneixement de situacions reals, he elaborat cada cas de manera que fos útil per posar de manifest un tipus de realitat generalitzable que provoca situacions de conflicte i patiment psíquic.

No he fet un estudi a fons de cada cas, ni una descripció diagnòstica amb propòsits clínics. Els personatges que ens serveixen per exposar una determinada situació tenen, ben segur, motivacions i justificacions que escapen al contingut d'aquest llibre. El recurs de fer servir experiències versemblants i extretes de la realitat pretén ressaltar l'existència de la diversitat de circumstàncies en què les situacions conflictives de caràcter general es poden concretar en un conflicte personalitzat. El lector pot sentir-s'hi identificat i, d'aquesta manera, veure's reflectit en el comportament dels altres, mecanisme terapèutic emprat per la psicologia social amb la intenció de facilitar el propi reconeixement a través de les experiències d'altres.

En el llindar d'un segle i un altre hom pot formular-se preguntes, algunes amb resposta fàcil, d'altres amb resposta difícil, d'altres sense resposta. Cadascun dels interrogants comporta una reacció personalitzada que intentaré descriure per tal de permetre al lector, identificantse o no amb la situació, treure'n les seves pròpies conclusions.

La temporalitat és una realitat física controvertida. Si bé tothom sap què és el temps, ningú no l'ha pogut definir prou satisfactòriament. El futur forma part de la temporalitat i els condicionants socials corresponents a cada temps són el marc on desenvolupem la nostra vida. Assolir un nivell de complicitat amb el temps, contemplar el futur amb un cert nivell de confiança és un element bàsic per a l'equilibri psíquic.

Mirar endavant a partir de l'observació de la quotidianitat de l'avui és una pretensió modesta que espera aportar, si més no, preguntes amb possibles respostes, preguntes sense resposta i respostes als interrogants de sempre. Passi el que passi i sigui com sigui, en el tipus de vida que ens espera, l'home i la dona del segon mil·lenni continuaran sent éssers humans amb una gran quantitat de recursos per fer front a les situacions que se'ls puguin presentar.

PRIMERA PART

Els homes i les dones

REDUCTES MASCLISTES

Així que va entrar a la meva consulta, l'Antònia va dir-me: «Vinc perquè m'envia la... —va esmentar una coneguda advocadessa barcelonina—. He pres moltes vegades la decisió de separar-me del meu home i no acabo de donar el pas...» Es va posar a plorar. Quan va aconseguir tranquil·litzar-se, va explicar-me que s'havia casat quan tenia vint-i-dos anys, un cop acabada la carrera de turisme, la qual cosa li permetia treballar a l'empresa dels pares del noi que sortia amb ella. Aquest fet i les tensions que hi havia a la seva família van ajudar-la a prendre la decisió de casar-se. «Ha estat un fracàs, no m'hauria d'haver casat mai», va dir-me, i ho anava repetint moltes vegades al llarg de l'entrevista.

En preguntar-li per què, va continuar explicant-me que, un cop casada, va anar a viure prop dels seus sogres. Treballava amb ells i el seu marit, si bé no ho feia a la mateixa oficina. Segons sembla, amb el seu marit no hi va haver cap tipus de problema en l'àmbit laboral: «Per aquest costat no hi ha hagut mai cap problema.» Va ser a la llar on el seu home es va començar a comportar, i es comporta encara ara, tal com feia el seu sogre a casa seva.

Segons la seva explicació, la mare del seu marit era una dona «de les d'abans»: ho ha tolerat tot del seu marit, és la primera de casa de llevar-se per fer l'esmorzar de tota la família, durant els àpats no seu mai, està pendent de tot, la tracten com una minyona i tothom ho considera la cosa més normal del món, fins i tot la seva filla li demana el que necessita i ella li ho porta com si fos la seva obligació. «En aquella casa ningú, que no sigui ella, no ha posat mai un plat a taula, ni n'ha tret cap, ningú no sap el que és posar la roba a rentar, la deixen a terra, esperant que ella la reculli.» El que més sorprenia l'Antònia era la normalitat amb què es vivia tot plegat. L'ambient que es respirava es reflectia en la següent exclamació: «Allà ningú no gosa contradir el pare.» Insistia a explicar que el seu sogre és un home que fa el que vol i els altres li ho toleren tot i, si ell no hi és, són els fills que manen; sembla que a la mare no la tenen en compte per a res. «El meu marit volia que jo fos com la seva mare.»

Vaig interessar-me per si havia parlat amb el marit d'aquella situació familiar abans de casar-se i si ella havia percebut la manera de fer dels seus futurs sogres. Em va contestar que sí, ella ho havia notat i ho temia, però no es pensava que el seu marit pogués assemblar-se tant al seu pare. De tota manera, quan ella volia parlar del tema, ell se n'escapolia sempre que podia o utilitzava estratègies de distracció aprofitant la seva major experiència: «Ell és deu anys més gran que jo i, quan jo treia aquests temes, em deia que era una feminista i canviava de tema sense prendre's seriosament el que li deia.» Li costava, com sol ser freqüent en aquestes situacions, parlar críticament de la seva família i de les repercussions que podien presentar-se en la seva convivència. Les relacions de poder a la llar són, per a la dona, una qüestió important, mentre que per a molts homes no és més que una actitud de queixa que cal aguantar de tant en tant, com una mena de peatge per mantenir la convivència. «Ell calla, espera que em posi nerviosa i, quan ja estic empipada i crido, em diu que estic histèrica i que, en aquest estat, no es pot parlar amb mi.» Pel que sembla, aquesta situació durava des de l'inici de la convivència matrimonial.

És freqüent que durant algun temps hi hagi l'esperança de poder modificar el comportament de l'altre. Això porta a efectuar una crítica continuada dels seus comportaments i actituds amb la finalitat d'aconseguir modificar-los. Això per regla general no serveix de res. Actuar d'aquesta manera tan sols condueix a augmentar la tensió a la llar i, habitualment, a encapsular, encara més, l'actitud de l'home.

Feia prop de deu anys que l'Antònia era casada, tenia dos fills, un de vuit anys i una de tres. El seu aspecte era agradable, però se la veia més gran del que era; estava prima i la seva cara mostrava tristesa.

Explicava que l'actitud del seu marit era cada vegada més despectiva. Segons ella, es tracta d'una persona que només pensa en la feina i els diners. Manté una actitud de prepotència només perquè té uns negocis que li van força bé. Està orgullós de la seva família, s'entén molt bé amb el seu pare. Quan parlen de feina i de la «seva» família, fa servir el mateix to que ell: «M'espanta la seva manera de dir les coses i com ignora els altres.» Si alguna vegada ella ha fet una moderada referència al seu desacord pel que fa a la manera de tractar la seva mare, s'ha enfadat i ha estat capaç de no parlar-li durant un seguit de dies. «Ell tot ho soluciona callant i fent mala cara, sap que això és el que em fa més mal.»

Em va explicar que des de la tornada del viatge de noces treballa a l'empresa familiar. «No podia fer altra cosa, ho havíem decidit abans de casar-nos, però el cas és que en l'aspecte laboral no puc queixar-me.» El seu sogre li ha tingut consideració en la mesura que és una treballadora útil a l'empresa, «com que la feina m'agrada i la faig bé, em tracten bé». Fins i tot el seu marit es mostra amable quan es troben a la feina, encara que sigui durant una d'aquestes èpoques en què a casa no es parlen. Ell i el seu pare són, per damunt de tot, empresaris, i això és el que més compta per a ells, no hi ha res més important que els seus negocis. Si ella no fos una treballadora útil, l'haurien tret. Com que és rendible la valoren; els sentiments i la relació familiar tenen molt poca importància en els seus valors o, si més no, així ho demostren. L'Antònia ho explicava amb desconcert i tristor. Per a ella, tot i que donava importància a la feina, la vida afectiva és molt més important. Li costa molt d'entendre que el seu marit fos amable a la feina i agressiu i poc delicat a casa: «Això vol dir que l'única cosa que vol de mi és que treballi.»

Pel que explicava, la situació ha estat semblant des del començament de la convivència, però ella no se'n va adonar, o no hi va donar la importància que tenia, fins que va néixer el primer fill: «En comptes de venir a la clínica a ferme costat, m'enviava la seva mare perquè em fes companyia i ell només venia una estona al migdia i, més que estar amb mi, es dedicava a fer compliments a les altres visites.»

Un cop casada va veure que els costums de la família del marit eren molt oposats als seus. Tenia, però, com he dit, l'esperança d'anar-lo canviant. Quan eren solters no el veia tal com després va mostrar-se. Havia notat algunes desconsideracions, però no es pensava pas que pogués assemblar-se tant al seu pare. Ara sap que són iguals, amb la diferència que la seva sogra ho tolera i ella no està disposada a fer-ho.

Vaig preguntar-li si havia parlat alguna vegada de la seva situació amb la sogra i, pel que em va explicar, no va ser una bona pensada. Segons sembla, la conversa va servir per empitjorar les coses; ella considerava que els homes tenen dret a actuar així. «Em vaig quedar de pedra quan em va dir: "no siguis tonta, no li portis la contrària, viuràs més bé si fas el que ell et diu. És un bon home el teu marit."» Davant d'aquesta resposta ella no va poder estar-se de dir-li que alguna vegada ell l'havia agredit, donant-li empentes, escridassant-la, remugant de mala manera. El comentari de la seva interlocutora encara va ser més contundentment desencisador quan va dir-li: «Alguna n'hi devies haver fet per provocar-lo.» Va quedar-se tan sorpresa com trasbalsada. Mai més no ha confiat en la sogra ni li ha fet cap altre tipus de confidència. Aquell dia va veure clar que tindria greus dificultats per aconseguir una convivència matrimonial com la que ella esperava. Aquella conversa va ser com la gota d'aigua que va provocar el desencís definitiu. A partir d'aquell moment només li quedava una opció: reunir el coratge suficient per prendre la decisió de trencar la relació.

En preguntar-li pels seus sentiments, l'Antònia va dir-me que havia estimat el marit abans de casar-se, però que de mica en mica ha crescut en ella un sentiment de ràbia i de menyspreu molt intens que li fa mal, però que no li és possible evitar. De tota manera, ella considerava que mai no s'havia sentit enamorada del tot, admetia que volia casar-se per sortir de casa seva on, segons explicava, no hi tenia un ambient agradable. «Mai no em vaig imaginar que pogués ser tan desgraciada la vida que m'esperava de casada.»

L'Antònia era filla única d'un matrimoni gran: va néixer quan el seu pare tenia prop de cinquanta anys i la mare més de quaranta. Sempre els havia vist molt distants. Quan ella tenia deu anys, va morir el pare i la mare va anar a viure amb una germana soltera amb qui no s'entenien gens bé. La mare treballava i la tia portava la casa. Segons ella discutien tot el dia i els conflictes eren permanents. Casar-se era la millor sortida, a més així no donava cap disgust a la seva mare, la qual, treballant molt, havia pogut pagar-li els estudis.

En parlar-me de les relacions sexuals, va posar de manifest que per a ella no havien estat mai satisfactòries: «Quan encara érem solters, era afectuós i procurava satisfer els meus desitjos, una vegada casats sempre ha anat a la seva.» Durant uns anys ell exigia tenir relacions sexuals sempre que li venia de gust. Si alguna vegada ella s'havia negat a acceptar-les, es passava una bona temporada de mal humor, no li parlava i la menyspreava. Finalment ella va optar per cedir, sense ganes, per evitar més tensions. Les relacions s'han anat distanciant i ara són pràcticament inexistents.

Per la descripció que feia l'Antònia de la situació, semblava que les tensions venien de lluny i que els conflictes entre ella i el marit segurament havien provocat més d'un enfrontament important, amb les conseqüents amenaces de separació per part de l'un o de l'altra. Per aquest motiu vaig preguntar-li si el marit sabia o sospitava que ella havia anat a veure un advocat o que em visitava a causa del seu malviure. Com sol passar en aquestes situacions, ningú no es pren seriosament les amenaces: «Fa molts anys, abans del naixement de la petita, li vaig dir que no podia més i que volia separar-me. No em va fer cas. Li ho he repetit altres vegades, però em sembla que mai no s'ho ha cregut. Crec que no em considera capaç de fer-ho i, de fet, estic demostrant que té raó, perquè, després de tant de temps, encara sóc aquí, plena d'inseguretat en mi mateixa.»

Les situacions de conflicte continuat poden arribar a disminuir de manera considerable la capacitat de decisió i posar la persona que les pateix en un estat de desànim que no li deixa prou força per resoldre el conflicte; no pot lluitar per enfrontar-se a la situació ni per trencar-la. L'Antònia semblava trobar-se en aquesta situació. Era capaç de descriure amb tots els ets i uts la situació agressora, hauria aconsellat a qualsevol amiga que tallés una relació com aquesta i, en canvi, a l'hora de prendre una decisió, es trobava limitada, li faltava coratge. Els efectes d'un llarg patiment poden reduir la capacitat de decisió i l'empenta d'una persona de manera considerable.

Era sorprenent, a no ser que es tractés d'una errada, que haguessin tingut la filla petita quan, poc abans, ja s'havien plantejat la separació. Hi ha parelles que, en els moments més delicats de la relació, opten per tenir un altre fill. És una fugida endavant, com si un naixement aportés una nova il·lusió i ajudés a oblidar les tensions viscudes. No va ser el cas. Quan li vaig preguntar com és que van prendre la decisió, si és que ho havien fet, de tenir un segon fill, la resposta va palesar, de manera molt contundent, el tipus de relació que el marit tenia amb la dona i la importància de la persona del pare en la seva vida.

Em va explicar que, al marge de les tensions en la convivència, ella tenia moltes ganes, des de poc temps després de tenir el primer fill, de tenir-ne un altre: «Mai no havia volgut tenir un fill únic, volia un germà per al meu fill.» Era ell qui no ho volia. «Crec que finalment va accedir per evitar que jo em revoltés més del compte contra el seu pare.» Poc abans que ell acceptés un altre embaràs havien passat una temporada molt dolenta, va ser quan ella va plantejar que no podia més i que volia separar-se i les tensions entre ells dos eren molt fortes —va ser llavors, més o menys, quan va tenir lloc la conversa descrita amb la seva sogra—. Coincidint amb aquesta etapa de crispació, el pare del marit, en funcions de cap de l'empresa, va dir-li que volia obrir una nova sucursal de la seva empresa i que calia que ella instruís la nova encarregada de portar-la. «Jo, probablement, vaig fer mala cara i vaig mostrar molt poc entusiasme. El meu sogre no va insistir, no era un home que estigués acostumat que no li fessin cas a la primera.» La previsible conversa entre pare i fill va fer el seu efecte, al cap de pocs dies el marit va accedir a tenir un altre fill. «Em feia tanta il·lusió que no em vaig adonar que m'estaven posant un parany. Vaig quedar embarassada i em vaig trobar atrapada per una gran quantitat de feina i, a més a més, el meu marit es mantenia amb la mateixa indiferència de sempre.» L'Antònia va complir l'encàrrec laboral: tal com s'esperava d'ella, va ajudar a posar en funcionament el nou establiment. Al llarg de tot l'embaràs va haver de treballar moltes hores i atendre la llar sense tenir més ajuda que la de la sogra, que anava a buscar el fill a l'escola i el cuidava fins que ella sortia de la feina.

Era evident que volia que algú li donés el coratge que necessitava per tirar endavant la separació. Això no obstant, li vaig preguntar en què creia que la podia ajudar. Va contestar-me que ella havia arribat a una situació en què, malgrat tenir-ho molt clar, es trobava atrapada per la seva falta d'ànim per decidir-se: «Em sento bloquejada, per això m'ha enviat la...» i va esmentar el nom de l'advocadessa.

Mentre exposava la seva situació, l'anava analitzant d'una manera del tot coherent: «No sé com sortir-me'n, sé que em té atrapada. Si em separo, perdré la casa i la feina, no em sento prou forta per tirar endavant.» Se sentia atrapada pels lligams que tenia amb el marit, el qual era, alhora, l'empresari que li donava feina i el pare dels seus fills: «Sovint em fa l'efecte que estic vivint un malson del qual no podré despertar mai més.» Parlava en un to trist i neguitós.

Tot i admetre que en situacions de conflicte extrem es pot tendir a exagerar l'exposició dels esdeveniments, he de dir que, a més del que he descrit, l'Antònia va explicar-me maltractaments greus que no cal concretar amb detall, va patir l'experiència del menyspreu i d'un tracte agressiu a mans de l'home amb qui feia prop de deu anys que convivia, era pare dels seus dos fills i a qui havia ajudat a tirar endavant els negocis. El seu cas, malauradament, no és, ni de bon tros, una excepció. La manera de viure les relacions de parella d'ella i la seva sogra són formes que semblen superades, però encara són vigents en moltes més llars de les que es podria pensar. Com passa en tants altres terrenys, hi ha una considerable diferència entre el que creiem que passa i el que realment passa. Hi ha moltes persones atrapades en una situació de dependència afectiva i econòmica i no se'n poden alliberar per manca de recursos personals o crematístics.

Els comportaments masclistes, com els descrits en aquest cas, són rebutjats en el pla teòric per la majoria, però la quotidianitat ens mostra com encara són molts els homes que s'aprofiten del seu suposat poder per imposar-se a la seva parella.

El cas de l'Antònia no és, com deia, excepcional. Ha estat fàcil construir un exemple dels molts casos que conec en què, en un món on les igualtats són reconegudes en el pla teòric, encara hi ha un considerable nombre de dones que han de rebel·lar-se davant d'agressions sistemàtiques i de prepotències del tot injustificades per part de l'home. Es dóna també el cas contrari, tal com veurem en el cas que exposaré tot seguit. Els comportaments humans s'entesten a demostrar-nos la distància que hi ha entre allò que podem admetre en el terreny de les idees i la pràctica quotidiana. Vivim en una societat que té clar, en les declaracions públiques i en els textos legals, que els drets dels uns són iguals als drets dels altres; però, i no sols en els cas dels homes i de les dones, les diferències poden ser, i són, separadores i marginadores per als més febles. Tots estaríem d'acord a mostrar-nos contraris al fet que això passi. Però passa, i ho fa en la mesura que una cosa és pensar o creure que les coses han de ser d'una determinada manera, i una altra de molt diferent és ser conseqüent amb les pròpies conviccions. Cal tenir en compte, també, que n'hi ha que renuncien a tenir idees clares sobre les situacions que els creen tensió o incomoditat, prefereixen no pensar-hi i continuar actuant com sempre ho han fet o com en surten beneficiats en fer-ho.

Sovint es fan denúncies de la vulneració dels drets de les persones. Podem estar segurs que se'n vulneren molts més dels que són denunciats. En el terreny privat les conductes de domini són més habituals del que hom voldria creure. És per aquest motiu que, abans d'aprofundir en els papers dels homes i les dones, donant per acceptada una igualtat que es propugna en el terreny de les teories, m'ha semblat imprescindible exposar una realitat que tinc l'oportunitat de conèixer amb certa freqüència: l'existència de reductes masclistes que mantenen una situació de submissió de la dona a l'home a causa d'una actitud intolerant i totalitària d'aquest i d'una incapacitat de rebel·larse contra la dependència per part d'ella.

El cas exposat se situa en una parella amb formació cultural i capacitat, per part de la dona, de treballar i poder, d'aquesta manera, solucionar la seva supervivència. De fet, aquests recursos són els que li donen la capacitat per plantar cara a la situació i no sotmetre-s'hi com ha fet la sogra. Esgarrifa pensar la quantitat de dones que mantenen la convivència amb el seu marit per la manca de recursos personals que els permetria trobar una feina i, un cop aconseguida la independència enonòmica, poder-se enfrontar amb el marit en un pla d'igualtat. «No tinc més remei que aguantar-lo, no he treballat d'ençà que em vaig casar i no tinc cap recurs per mantenir-me a mi i als meus fills, i ell no en vol sentir a parlar, de separació»: vet aquí una afirmació que he sentit repetides vegades i on es palesa una greu impotència per poder actuar lliurement. Algunes dones utilitzen l'argument per tal de justificar la seva manca de capacitat per prendre una decisió que potser no volen prendre. També hi ha homes que pensen que negant-se a la separació aconseguiran evitar-la i utilitzen l'amenaça per augmentar la por de la dona. Cal saber que hi ha una llei de divorci que permet rebel·lar-se contra aquesta situació; però, per beneficiar-se'n, cal un coratge i una energia que, la majoria de les vegades, la pròpia vivència de submissió impedeix de tenir.

Com en el cas de l'Antònia, he conegut dones afectades per situacions psicològiques crítiques que els provoquen respostes d'ansietat i ànim depressiu en la mesura que se senten dominades i es veuen incapacitades per sortir-se'n; d'aquesta manera es tanca un cercle que limita o anul·la la llibertat. No és infreqüent que algun marit manifesti el seu disgust quan l'esposa millora el seu transtorn depressiu: «Escolti, doctor, ella diu que es troba més bé, però ara no para de queixar-se, rondina i protesta; abans estava ensopida i no deia res.» Segurament s'amagava per plorar i ell no se n'adonava, per això ho preferia.

És cert que el nombre de comportaments i d'actituds pròpies de masclismes radicals com el que he exposat, tendeix a disminuir, caminem cap a una societat on la majoria de dones i homes joves estructuren la seva convivència amb uns patrons diferents i on els comportaments sistemàticament masclistes tenen moltes menys possibilitats de reeixir. En una parella en què tots dos membres treballen és més difícil una situació de submissió, però aquesta no és sempre una correlació precisa.

Menys esporàdicament del que caldria esperar es presenten casos de dependència afectiva en què un dels dos membres de la parella està completament sotmès a l'altre. Hi ha un tipus de personalitat dependent que tendeix a relacionar-se des de la inseguretat personal, des de la necessitat de trobar assertivitat en l'altre, des d'una posició de justificació constant i de necessitat de fer-se perdonar la manera de ser. Aquestes persones poden ser atrapades per una relació afectiva de domini, fins i tot l'actitud agressiva de l'altre pot arribar a esdevenir gratificant i motivadora de noves submissions.

Un mecanisme d'aparença masoquista s'amaga en aquells que se sotmeten a vexacions per part de la seva parella i, lluny de motivar un sentiment de refús, se senten atrapats per un lligam encara més estret, la qual cosa no vol dir que no pateixin l'agressió a què són sotmesos. A vegades ens trobem davant d'una alteració de la capacitat per establir una relació en situació d'igualtat, llavors ens trobem davant el trastorn psicològic que impedeix a una persona ser autònoma. En altres casos la situació és fomentada pel dominador, que converteix la relació en un enfrontament en què cal donar a l'altre la percepció de domini per tal de transmetre una sensació de seguretat. Molts més homes que dones actuen d'aquesta manera.

Confondre la relació afectiva amb un enfrontament del qual s'ha de sortir vencedor és una estratègia típicament masculina que, si troba la tolerància de la dona, es pot convertir en una turmentosa forma de viure l'afectivitat. La tendència a creure que les actituds de submissió van lligades a la manca de cultura i de recursos personals és equívoca. Sovint són dones en qui res no ens faria sospitar que estan atrapades en una mena d'addicció respecte de l'altre i, si bé són conscients dels maltractaments que reben i de la inconveniència de la relació que mantenen, no tenen prou coratge per deslliurar-se de qui les domina. En l'exageració del despropòsit, com més agressor es mostra el dominador més atrapat queda el dominat. Aquest comportament s'observa, com deia, amb més freqüència entre homes dominadors i dones submises que a l'inrevés, però no s'ha d'oblidar que també hi ha casos de dones que sotmeten els homes i aquests no tenen recursos per escapolir-se'n.

La relació de domini, que es correspon amb

un comportament addictiu del dominat, té correlació amb el que passa en totes les addiccions. L'addicte és conscient de la necessitat de deixar allò que l'atrapa, és capaç de criticar-ho i refusar-ho; però, en canvi, es mostra impotent per aconseguir-ho. L'addicte a la persona que estima és capaç de fer una crítica de la seva situació, però li manquen recursos per enfrontar-s'hi. En la mesura que l'altre actuï de manera desaprensiva aprofitant-se de la situació, aconseguirà tenir esclavitzat l'altre. Moltes relacions de domini masclista han jugat amb aquest element per tal de fer prevaler la prepotència masculina, situació que s'agreuja quan, a més de la dependència psíquica, hi ha una dependència econòmica i fins i tot social, com ha passat durant segles en la relació de les dones amb els homes.

En aquests casos no es pot parlar pròpiament d'afectivitat en la mesura en què qui actua com a dominador no estableix un sentiment recíproc, només pretén aprofitar-se dels sentiments de l'altre per tenir-lo sotmès. Ancestralment les dones han patit situacions d'aquest tipus, són més excepcionals els casos en què elles han fomentat la situació. La majoria de les vegades ha estat l'actitud voluntària del marit que ha afavorit l'arrelament d'un tipus d'acostament mutu en què la dependència ha jugat exclusivament a favor de la prepotència masclista.

En el món occidental, un nombre cada vegada més considerable d'homes i dones busquen un nou equilibri que possibiliti la convivència sense submissions sistemàtiques. Cal recordar, però, que en el Tercer Món —més de les dues terceres part de la humanitat—, la situació de prepotència masculina és encara un fet inqüestionable, tant en el pla de les idees com en el de les conductes. En el món occidental, on sembla que s'ha arribat al consens per anar eliminant situacions de greuge de les persones per les persones, encara hi ha moltes dones que viuen en situació de dominades i sense capacitat per sortir-se'n.

Calia dir-ho per tal de poder continuar parlant d'una societat que intenta trobar una resposta a les noves situacions ocasionades per la consideració de la dona com un ésser en pla d'igualtat amb l'home.

FEMINISMES RADICALS

La Mercè va venir a veure'm capficada pel comportament afectiu del seu marit. Segons explicava, la relació havia anat perdent la seva intensitat i, de ser una «parella fantàstica», havien passat a ser una parella distant, «com la majoria», va dir-me en una afirmació que volia donar a entendre que havien passat de ser una excepció a formar part de la «la vulgaritat».

La Mercè era una dona aclaparadora. Tot just vaig poder preguntar-li quin era el motiu de la visita i ella va etzibar-me un seguit d'explicacions que constituïen acusacions en les quals aviat vaig quedar implicat: «He volgut venir tota sola per no deixar-me res. Si ell fos aquí voldria dir-hi la seva i vostè s'emportaria una opinió equivocada i es posaria a favor seu; al capdavall els homes sempre s'ajuden.» Tot just acabava d'entrar al despatx i ja sospitava de la meva imparcialitat.

Va continuar com si hagués preparat un examen i s'ho sabés a la perfecció, de memòria.

La rapidesa amb què encadenava les paraules no feia possible cap mena d'interrupció:

«Fa més de vint anys que ens coneixem. Jo sempre he estat sincera i franca amb el meu marit. Vam fer un curset prematrimonial i ens van dir que la sinceritat era el més important del matrimoni. Jo he estat molt feliç amb ell fins fa cosa d'un any. Ara, però, la relació ha canviat, ja no és el mateix.

»Quan ens vam casar jo treballava de secretària en una empresa i ell tenia una representació, a més de tenir una petita empresa comercial de productes elèctrics conjuntament amb un dels seus germans. Ell volia que anés a treballar a la seva empresa, però li vaig fer veure que això només seria motiu de conflictes. Sempre he cregut que cal separar les coses. Jo no creia oportú anar a treballar amb el meu marit, alguna amiga ho havia fet i no els havia anat bé. Crec que va ser una decisió encertada.

»Ell ho va acceptar i no hi va haver cap problema. Després de cinc anys de casats, quan ja havíem tingut els dos nens, l'empresa on jo treballava va tancar. Vaig decidir quedar-me a casa perquè el fill gran tenia un problema respiratori i necessitava molta atenció i freqüents visites al metge; per aquest motiu no he tornat a treballar. Em vaig equivocar, no hauria hagut de deixar de treballar mai. El meu marit no va dir-me res ni va tornar a insistir perquè treballés, ja li anava bé que jo estigués entretinguda cuidant el nostre fill.»

I prosseguia enraonant de pressa i sense donar-me cap possibilitat de fer preguntes: «Durant uns quants anys tot ha anat com una seda. És clar que ha calgut que el marqués força. Els homes, i vostè perdoni, per bons que siguin, sempre van a la seva. Jo li vaig posar clar des del primer moment que ell tenia unes obligacions i jo unes altres. Mentre vam complir el que havíem estabert tot va anar la mar de bé.»

A mesura que la sentia enraonar, jo esdevenia solidari amb el pobre marit, de qui encara no coneixia ni el nom. Val a dir que no era la primera vegada que em trobava en una situació semblant. Hi ha un tipus de persona que demana ajuda criticant aferrissadament la persona que considera culpable o causant del seu malestar. Les visites, llavors, es converteixen en un seguit d'atacs i greuges. La meva interlocutora va continuar el seu llarguíssim discurs, la reproducció sencera del qual els estalviaré. El contingut del discurs en qüestió em volia demostrar que ella era una dona organitzada que ho tenia tot controlat.

Resumint els aspectes més importants podem apuntar que, després de cuidar el fill, quan aquest va superar la malaltia i ja podia fer vida normal, ella, en ser filla única, va haver d'atendre els seus pares, que ja eren grans i malalts. També va explicar-me que era membre de la junta directiva de l'associació de pares de l'escola dels seus fills —va aprofitar l'avinentesa per demanar-me que anés a fer-hi una xerrada—; també ho era d'un casal de mestresses de casa i havia estat secretària d'una colla sardanista. Totes aquestes activitats les ressaltava per demostrar que «encara que no hagi treballat, no he estat una dona tancada a casa». Va dir-me que, a la humanitat, el millor que li havia passat era la «revolució feminista», de la qual es considerava militant, «però no gaire exagerada, m'empipen les extremistes», va gosar dir-me. Havia participat en algunes reunions dels inicis del moviment feminista i era una assídua a les conferències i taules rodones que tracten del tema de les relacions home-dona. Va assegurar-me que li havia agradat molt el llibre *Viure en parella*. Em temo que era el causant de la seva visita al meu despatx.

Va voler ser ben explícita a l'hora d'explicar la seva vida sexual. Segons ella, era modèlica fins que es va «espatllar» la relació. «Per no tenir cap relliscada el meu marit es va fer la vasectomia. Era just, no? Si jo ja havia parit, que fos ell qui anés a quiròfan, no li sembla?» Continuava sense donar-me ni un segon de temps per dir-hi la meva. Es mostrava satisfeta d'ella mateixa en tots els aspectes i molt crítica amb la conducta del marit des de feia, si fa o no fa, un any. Per a ella era inexplicable que un home que sempre havia estat atent i cordial, ara amb prou feines li parlés. «Va a la seva i només pensa a treballar.» Els diumenges, si ella el deixés fer, dormiria tot el dia. Mai no té ganes de fer l'amor. Els dies de cada dia procura anar tard al llit o bé hi va d'hora, quan ella té feina o la veu interessada en algun programa de televisió: «Quan jo hi vaig ja té el llum apagat.» El veu trist i desinteressat per l'entorn, «mai està content». El que per a ella era un signe inequívoc de retrocés en el seu món de motivacions era que el marit s'havia tornat a aficionar al futbol, «jo havia aconseguit que no se'l mirés, era millor estar junts mirant una pel·lícula o enraonant que mirar un partit». Pel que em va explicar, ell, de solter, era dels qui anaven al camp, seguia la competició, xalava amb les victòries i patia amb els fracassos del Barça. Després, per la pressió de la seva esposa, va passar molts anys sense anar-hi i amb prou feines seguia els resultats. Ara havia tornat a enganxar-s'hi. Es mirava els partits per la tele i, si ella es queixava del seu comportament, ell li deia que tenia molts maldecaps i que el futbol el distreia. Uns quants anys abans no hauria gosat contestar d'aquesta manera a la seva esposa; sempre que ell estava preocupat o de mal humor era imprescindible comentar-ho amb ella i analitzar-ho fil per randa, fet que, moltes vegades, era més pesarós que el conflicte mateix. «Les coses s'han de parlar. Si hi ha un problema, és necessari parlar-ne i compartir-lo, per això és la parella, oi?» Cercava una complicitat que va quedar sense resposta.

Vaig aconseguir preguntar-li si coneixia els motius que preocupaven el seu marit. Em va contestar que eren coses de la feina; ho va dir amb displicència, com si volgués treure-li importància: «Coses del negoci, em sembla que no els va gaire bé i, com que no s'entén massa amb el seu germà, es capfica amb els seus problemes, jo ho arreglaria aviat.» La solució que proposava era ben radical. Per a ella el millor que podien fer era vendre o traspassar l'empresa.

«Quan tot va bé es fàcil posar-se d'acord

amb tothom, ara es nota massa que el meu marit i el seu germà són molt diferents.» Ella considerava que ja els havia anat prou bé i que ara era el moment de buscar una ocupació més tranquil·la. Era expeditiva: si el negoci era conflictiu i menys rendible que temps enrere, valia la pena vendre'l. De fet, a ella, que el marit treballés amb el seu germà no li havia fet mai gaire gràcia, sempre li havia semblat que el marit es deixava aixecar la camisa, que treballava més hores que l'altre i que no en treia els beneficis que es mereixia. Quan ella li proposava la venda o el traspàs del negoci, ell no en volia ni sentir a parlar.

Al cap d'uns quants dies vaig conèixer el marit, un home afectuós i cordial que gairebé va disculpar-se de la presència de la seva dona al meu despatx. Ella li havia dit que havia de venir a veure'm perquè era la darrera oportunitat per salvar el matrimoni. Em va dir que la seva dona li havia dit: «Si ell et diu que tens alguna depressió per culpa de la feina, t'aguantaré; però si estàs sa, o tornes a ser el que eres o et deixo.» Li vaig preguntar si era cert que ell havia canviat en els darrers mesos tant com m'havia dit la seva esposa i ell m'explicà la seva versió dels fets i el desgast de la relació:

«Miri, doctor, jo vaig viure aquella època idealista del començament dels anys 60. Encara recordo que l'escoltava a Ràdio Barcelona amb en Castelló Rovira, el doctor Burrull, el doctor Guerrero, en Jordi Llimona i la Magda

Oranich. Això devia ser els anys 73 o 74, no?, era quan estàvem a punt de casar-nos. Jo estava convençut de la necessitat de rectificar les conductes masclistes. Sóc de temperament més aviat tranquil i no m'agrada discutir amb les persones que tinc al costat, per això vaig procurar viure una relació de parella sense tensions, però la meva dona s'ha passat... —Va fer un breu silenci abans de continuar; tenia els ulls humitejats—. Fa un parell d'anys que la feina no va com abans. Jo vaig adonar-me que, quan arribava a casa i explicava conflictes relacionats amb el treball, ella donava sistemàticament la culpa al meu germà, a qui no pot veure. En lloc d'animar-me em deia que era inútil voler salvar l'empresa i que el que calia era vendre-la. Un dia me'n vaig atipar i vaig dir-me a mi mateix que no tornaria a comentar-li els meus neguits ni tenir-li més por, que tant era que hi hagués tensions, els nois ja són grans i si vol deixar-me ja m'espavilaré.»

No era més que l'exposició del desencís d'un home que, volent fer bé les coses, havia permès que la seva dona li prengués, sistemàticament, la iniciativa, impedint-li l'exercici de la seva autonomia personal. Ara se'l veia desanimat, semblava com si se sentís estafat per haver seguit unes actituds en les quals creia, però que l'havien portat a sentir-se completament fracassat en la seva relació matrimonial.

Em vaig interessar per si estava realment afectat pels problemes de feina. Em va contestar que no, que havien baixat una mica les demandes i que tenien dificultats a l'hora de cobrar, tot plegat provocava algunes tensions entre ell i el seu germà: «Com que sempre ens ha anat tot molt bé, no estàvem acostumats a tenir problemes.» En parlar de la feina feia una altra cara, tenia una altra expressió, no semblava gens afectat: «Ja voldrien estar com nosaltres la majoria d'empresaris.» Era evident que la hipòtesi diagnòstica de la Mercè, que apuntava que el seu marit patia una depressió o un estrès laboral que li modificava l'actitud a casa, no semblava encertada. Em trobava davant d'un home desconcertat, però no pas malalt ni trastornat. S'havia cansat d'aguantar l'actitud de la seva dona i, probablement, el detonant del conflicte va ser el fet que ella es dediqués a criticar el germà i li demanés que es vengués la seva part del negoci, menyspreant la seva opinió i els seus desigs. Fins aquell moment ell havia optat per deixar-la fer per evitar, al màxim, tenir-hi conflictes. Les seves paraules posaven de manifest l'existència d'un sentiment de por que el portaven a evitar tota mena de desacords, fins que va cansar-se.

En preguntar-li què pensava fer davant l'amenaça de la seva esposa de demanar la separació, va contestar-me que ell no pensava prendre cap iniciativa: «Jo no em separaré i no ho faré per mandra i perquè ara no tinc temps per fer-ho.» Ell tenia clar que una separació amb la seva dona segur que seria un embolic gros i que no s'acabaria mai, sabia que ella tendia a exagerar les coses i, com que sempre ha presumit de parella i de fer les coses bé, necessitarà donar-li les culpes de tot a ell per tal de justificarse davant de tothom, «començant pels fills, continuant per la família i seguint amb les amistats»; si ell es defensés o donés la seva opinió «ens feriríem, ella sempre ho exagera tot, em destrossaria i també afectaria els nois». Era conscient de la manca de continència de la seva dona; per això, si arribés el cas, preferia que fos ella que donés el pas, si més no no podria acusar-lo de ser ell qui ha iniciat el procés i, per tant, tindria menys arguments per atacar-lo. Ell s'havia fet una composició de lloc, veia trencada la relació, almenys de la manera que ell l'havia pensada, havia perdut tota il·lusió i sentia la seva esposa com un imposició, «només la valoro com a mare dels meus fills, no m'agrada res més d'ella». Pel que feia a la separació, volia que, en tot cas, fos ella qui portés la iniciativa: «Si tot ho ha volgut portar sempre ella i en tot ha fet la seva, que ho faci també en això, no li sembla?»

No el vaig engrescar a separar-se, li vaig dir que trobava normal la seva reacció i que no em semblava que el pogués ajudar en gran cosa. El vaig alertar, però, del conflicte que podia representar que la seva esposa, en lloc de separar-se, mantigués viva la situació de crisi, que intentés portar-lo a un altre psiquiatre per curar-li la depressió que ella li atribuïa o que mantingués la persistència a demanar-li que es vengués la seva part de l'empresa. Vaig aconsellar-li que, si bé era lògic que esperés que fos ella que portés la iniciativa de la separació, no descartés que hagués de ser ell qui, finalment, donés el primer pas.

En acomiadar-nos vaig explicar-li que podia dir a la seva esposa que no em semblava pas que ell patís cap trastorn psíquic i que, en tot cas, el problema era de relació entre ells dos. Si ella volgués acceptar que el tipus de conflicte que tenien afectava la relació de parella i, per tant, calien canvis en els dos i no solament en ell; si es mostrava capaç d'escoltar algun suggeriment, podia venir a veure'm. Si ho feia, jo li procuraria dir que acceptés la manera de ser del seu marit, més autèntica ara que mai i, si ho acceptava, potser seria possible un tractament de parella. Vam quedar que ell li diria a la seva dona que vingués a veure'm, si ella volia. No els he tornat a veure mai més, la qual cosa no és gens sorprenent.

Si l'Antònia ens exposava una situació típica de domini masclista, la Mercè ens aporta un testimoni que reflecteix una situació que s'ha derivat de la resposta feminista apareguda en la nostra societat fa una trentena d'anys. No poques dones han metabolitzat malament la rebel·lió per tal d'aconseguir una igualtat de drets i la viuen com un mecanisme d'autoafirmació utilitzant elements típics del masclisme. Podria dir-se que tenen dret a tornar als homes allò que ells havien fet a les dones, però no sembla que copiar els defectes dels altres sigui un camí raonable.

La capacitat, per part dels homes, d'adaptar-se a una ideologia nova va lligada a la necessitat d'obrir-se a nous patrons culturals. Al final de la dècada dels seixanta es va viure un neguit renovador i una ànsia per trobar formes de vida més justes i lliures; un dels moviments socials que va arrelar més fortament en la societat va ser el feminisme. Una ideologia que provenia de l'esperit de lluita de les sufragistes de les acaballes del segle passat, que havien aconseguit drets públics per a les dones, però que no havien qüestionat la correlació de forces en el si de la llar, o l'havien qüestionat de manera moderada. Era prioritària, en aquell marc, aconseguir la igualtat de drets públics.

La disminució de la mortalitat infantil a partir de la cloració de l'aigua, que evita moltes infeccions; la incorporació dels antibiòtics que les guaria quan es presentaven; i, finalment, la possibilitat de controlar la natalitat, van permetre a la dona deslliurar-se de la mitificació de la maternitat com la seva principal —per a molts, única— funció vital. Primer es va aconseguir el dret a votar, després el dret a treballar i, més tard, el de viure la maternitat amb llibertat. Aquestes conquestes permetien a la dona pensar en la possibilitat de viure «com els homes» i, en la mesura que eren aquests els qui suposadament ho impedien, es va provocar, amb més o menys intensitat, un enfrontament. Alguns homes radicalitzaren el seu masclisme davant l'agressió feminista; d'altres, convençuts que la ideologia que la sustentava era justa i fins i tot beneficiosa per a ells en tant que podien passar de tenir una minyona a una companya, s'apuntaren als seus postulats, a vegades tan convençudament que arribaven a sentir una certa culpabilitat del seu «ser home».

De la conjunció de certes dones que extrapolaren la seva reivindicació amb formes de comportament i actituds pròpies del masclisme i d'homes que visqueren la masculinitat com una culpa, van sorgir situacions de domini femení com la que es pot observar en el cas de la Mercè.

Algunes sociòlogues actuals, sense voler renunciar a la seva condició de feministes, parlen del «feminisme de la primera fase» en referir-se a aquell que va proposar un enfrontament radical amb els homes, i de «feminisme de la segona fase», com el que recupera el valor dels sentiments dona-home, assumint la igualtat i potenciant la diferència. Crec que els plantejaments radicals dels inicis del feminisme, si bé explicables i potser fins i tot necessaris, van originar un trencament que ha servit a certes actituds desadaptades per donar via a les seves incapacitats d'adaptació i que, en conjunt, han perjudicat la imatge del feminisme. Afortunadament avui la majoria de dones s'apunten a un feminisme integrador, radical en la lluita per la igualtat però tolerant per permetre, i fins i tot potenciar, la diferència.

En el procés d'adaptació, com passa en totes les situacions de canvi social, n'hi ha que han estat greument perjudicats per la mala assimilació de certes idees i, cosa encara més greu, han afavorit l'aparició d'antagonismes del tot innecessaris. Recordo una conversa amb una jove d'uns quinze anys que em deia: «El meu pare ha estat una víctima de la meva mare, jo mai no seré feminista, penso tractar al meu marit com ho feia la meva àvia amb el meu avi.» No sé quin era el pensament dels fills de la Mercè, però no faria estrany que fossin autors de comentaris similars, fet que demostra que certes actituds són d'efectes contraris a la causa que es vol defensar.

Inicialment, la pretensió d'aconseguir una igualtat es feia des del model masculí. Per a moltes dones, la manera d'aconseguir «ser iguals» era interpretada com «ser com ells i fer com ells», i per tal de fer-ho possible calia que «ells» deixessin de «ser-ho». Alguns homes, segurament de bona fe o per manca de capacitat assertiva per afirmar la seva condició personal, van deixar-se engolir per la necessitat de mostrar-se tan «iguals» que deixaven de ser ells mateixos; si la dona volia, els convertia en titelles al seu servei en nom del feminisme i de la igualtat.

Hi havia una llarga tradició cultural per desmuntar. Durant anys l'home havia proclamat les diferències respecte a la dona, diferències que sempre limitaven el paper femení. La cultura s'atrevia a formular tesis com la de Plató, que en la seva obra *Timeu*, ens diu que la dona ha sorgit de la corrupció de l'home, o com la d'Aristòtil, per a qui la dona era el fruit d'una decadència física derivada d'una pèrdua de força del semen masculí. Sant Tomàs també formulava propostes en el mateix sentit. Acostant-nos en el temps, Hegel ens diu: «L'home té la seva vida afectiva substancial en les raons de l'Estat, de la ciència, del treball..., mentre que la dona té el seu destí substancial en la família, l'ètica i l'afecte.» Kierkegaard, en *El diari d'un seductor*, ressalta encara més el paper secundari de la dona: «La dona tan sols és lliure estèticament... la dona desenvolupa coses finites, l'home va darrere les infinites... la dona no coneix el pànic del dubte i les penes de la desesperació, no li falten idees, però les té de segona mà...» Al filòsof danès no li calia posar per escrit que odiava els moviments d'emancipació de la dona.

Serien inacabables les citacions de la filosofia que responen a alguns criteris estesos en la població. L'home, tradicional dipositari de la cultura, pontificava de manera que es perpetués el seu paper social de dominador i donava a la dona l'espai procreador i mantenidor dels afectes i sentiments. S'aconseguia una harmonia social on la dona no tenia veu ni vot, però que permetia perpetuar uns valors que convenien, si més no, a l'home.

La gran justificació de la diferència marginadora era la maternitat. Ser mare implicava un condicionant que impedia accedir a altres aspiracions que no fossin la família i la dependència de l'home, per això la proposta emancipadora de la dona sorgeix en el moment en què pot accedir a alliberar-se de la «dedicació exclusiva» a la maternitat. La maduració del feminisme ha afavorit l'aparició de formulacions integradores en les quals, a més d'exigir la igualtat i potenciar la diferència, es reclama la reciprocitat com a forma de viure una afectivitat enriquidora, d'aquesta manera s'obre la porta a una convivència on els uns i les altres en sortim beneficiats.

Com en els reductes masclistes, hi ha radicalismes feministes que defugen la reciprocitat en la mesura que eviten afrontar la seva afectivitat. La lluita pel domini és molt més explicable des de plantejaments que dipositen l'autovaloració personal en el poder sobre els altres.

Una manera de compensar la poca autoestima i la incapacitat de tolerar la pròpia manera de ser és aconseguir exercir el domini sobre les persones de l'entorn. Qui no ha après a estimar-se i a estimar els altres acaba per engolir-los per sentir-se compensat.

Homes i dones, limitats afectivament, poden refugiar-se en masclismes de sempre o feminismes nous per conviure amb aquells a qui volen veure sotmesos. Com veurem tot seguit, l'amor no és possible des de la superioritat del domini ni des de la inferioritat de la submissió; l'amor és un sentiment que requereix un pla d'equiparació que, respectant les diferències personals, posi als qui el comparteixen en un pla d'igualtat. L'amor és un corrent afectiu dual que es dóna entre dos iguals que poden estimar-se en funció d'allò que els diferencia. Iguals per drets, diferents en essències, tant per raó de sexe com per raó personal, que ens fa a cadascun distint de l'altre.

Algunes actituds femenines, clòniques de les masclistes ancestrals, evidencien que la intolerància no és patrimoni ni dels homes ni de les dones. Ho és dels prepotents.

DONA I FEINA

La Bàrbara R. és una dona de quaranta-tres anys, soltera i que viu sola en una casa situada en un barri residencial de San Francisco. Metgessa anestesista, va fer un màster de direcció empresarial i un altre de gestió hospitalària. Des de fa cinc anys és la directora gerent d'un dels hospitals més importants de la ciutat.

Estudiant brillant i noia atractiva, la seva infantesa i joventut van ser un plàcid recorregut per l'èxit. Assenyada i, alhora, divertida, obtenia bons resultats a l'escola i tenia amistats arreu on anava.

La seva família era del tot convencional. El pare era advocat i la mare una metgessa que va deixar d'exercir la professió en tenir el tercer fill i, segons ella mateixa manifestava, ho va fer més per estar cansada de la professió que per atendre la família. Tres anys més tard van tenir una quarta filla, la Bàrbara. La vida familiar va transcórrer amb la normalitat i el benestar dels qui tenen els ingressos suficients per no haver d'amoïnar-se per arribar a final de mes. Els quatre germans van poder cursar els estudis que els agradaven. Bons estudiants, no eren gens conflictius. Tot indica que els pares eren convencionalment tolerants i que els enfrontaments generacionals foren de mínima intensitat. No es descriu cap situació conflictiva en la biografia infantojuvenil de la Bàrbara.

Durant els dos primers cursos a la universitat va tenir una relació de parella aparentment satisfactòria, segons semblava pels indicis externs que mostrava. En John era un company de curs, potser no tan brillant en els estudis com ella, però força atractiu i capità de l'equip de bàsquet del centre universitari; era un dels alumnes més admirats i centre d'atenció de les seves companyes. Va ser la parella de la Bàrbara fins que ella se'n va cansar. Segons ella explicava i segons van poder observar els qui els coneixien, ell va intentar moltes vegades i de moltes maneres reprendre la relació sense aconseguir-ho. Ella mai no va explicar a la família el motiu de la seva decisió.

La Bàrbara va continuar estudiant fins a acabar la carrera amb unes notes excel·lents que li van permetre triar l'especialitat. Durant aquesta època de la seva vida va mantenir relacions amistoses amb cordialitat i èxit social, però no va lligar-se a cap altre home; només de manera esporàdica sortia amb algú, però les relacions no duraven gaire, res que fos vinculant. Se li coneixien aventures afectives que ella tallava quan esbrinava que el seu company es prenia la relació de manera «massa» seriosa.

Va començar a dir a les seves amigues que no tenia intenció de casar-se ni de tenir fills. Sense cap mena de recança, manifestava que la seva aspiració era triomfar a la feina i que s'adonava que la parella i la maternitat constituïen un entrebanc per a l'èxit professional de les dones.

Va exercir d'anestesista durant sis anys. En aquest temps va aconseguir les titulacions de màster en direcció d'empreses i en gestió hospitalària. Als trenta-tres anys era directora d'un gran hospital i assessora de diverses empreses relacionades amb l'activitat hospitalària. Ha publicat dos llibres, un sobre economia sanitària i l'altre sobre la productivitat dels serveis d'urgències. És una dona que, pel que pot deduir-se, ha aconseguit tot el que s'ha proposat en el camp professional.

Segons sembla el seu equilibri psicològic es mostra adequat i adaptat a la seva biografia; «sempre se la veu contenta», em deia la seva germana, que va ser qui em va explicar tot el que sé de la Bàrbara. Quan li vaig preguntar sobre la seva vida afectiva actual, va dir-me: «Sabem que té molts amics, alguns d'ells semblen força íntims, però mai ens els ha presentat com a parelles seves. El que sí sabem és que sempre ha viscut sola i que, quan ens veiem, aprofita per recordar-nos, sempre que s'escau, que ella no pensa casar-se i, encara menys, tenir fills. Prefereix la vida professional a la vida afectiva i manifesta obertament que li semblen incompatibles.» Contestant la meva pregunta referent a si se la veia afectada pel fet de no tenir fills, em va dir: «No, és afectuosa amb els nebots, fins i tot té un tracte molt bo amb els dos fills del meu germà, que està divorciat, sovint els convida a casa seva i els fa regals, però mai no demostra que lamenti no haver estat mare.» I va concloure: «Jo diria que és una dona feliç, tot i que a nosaltres ens costa entendre la seva vida.»

Jo no conec la Bàrbara personalment, el que acabo d'exposar és el resum d'una conversa mantinguda a la meva consulta amb la Betty, la germana gran de la Bàrbara, que va venir a veure'm per parlar-me de la patologia psíquica que presentava el seu pare.

Betty R. és una dona de quaranta-vuit anys, advocadessa de professió. Quan estava acabant la carrera va conèixer un enginyer català que feia un curs de postgrau als Estats Units. «Ens vam enamorar i vaig decidir venir a Catalunya amb ell. Fa vint-i-cinc anys que visc al seu costat, tenim dos fills i estic satisfeta de la vida que he triat.» Viu en un poble del Vallès molt proper a Barcelona i està plenament arrelada a Catalunya: parla la nostra llengua amb normalitat, esporàdicament col·labora amb empreses americanes i amb l'Institut d'Estudis Nordamericans. Manté relació telefònica i escrita amb la seva família. Juntament amb el marit, i a vegades amb els fills, van a veure la seva família americana un o dos cops l'any.

El motiu de la seva consulta era que, en la darrera estada amb els seus pares, havia observat conductes sospitoses en el pare que la van angoixar. Va explicar-me símptomes inequívocs de l'inici d'un procés de demència, encara lleu però evident —pèrdua de memòria immediata molt considerable, aspecte de bon humor permanent, riure immotivat, dificultat per mantenir una conversa lligada, desorientació temporal, etc.— que havien preocupat la meva interlocutora. La preocupació de la Betty s'accentuava en exposar-me la situació de la seva família.

Els pares de la Betty i la Bàrbara havien tingut quatre fills, dos homes i elles dues. Un dels dos germans estava divorciat, tenia dos fills que vivien amb ell i tenia greus problemes econòmics perquè no li havien anat bé els negocis. L'altre germà vivia a la costa est dels Estats Units, a l'altra punta del país, anava molt poc a veure els seus pares perquè, d'ençà del seu casament i a causa de les tensions que hi havia entre la seva dona i la seva família, la relació s'havia refredat. La Betty, atesa l'actitud de la seva germana Bàrbara, i malgrat estar en un altre continent, se sentia com l'única responsable que podia fer alguna cosa pels seus pares.

Vaig preguntar-li si havia parlat dels símptomes del seu pare amb la Bàrbara, perquè, com a metge, podia valorar millor la situació. Em va contestar: «Aquesta darrera vegada no vam coincidir a casa dels pares. De fet, no hem tingut l'oportunitat de veure-la, perquè estava en una convenció fora de l'estat. En arribar aquí vaig parlar amb ella per telèfon i em va dir que també havia detectat el problema i que ja l'havia fet visitar per un neuròleg del seu hospital, que havia emès un diagnòstic del qual es desprenia que encara no necessitava ajuda domiciliària. Va dir-me: "No et preocupis, Betty, quan sigui oportú, l'equip d'assistència social ens proporcionarà un assistent domiciliari, l'assegurança dels pares cobreix aquest aspecte".» A la Betty se li havien humitejat els ulls quan em repetia les paraules de la seva germana, semblava saber-se-les de memòria com si se les hagués repetit moltes vegades a ella mateixa. Després d'un breu silenci em va preguntar: «Vostè creu que puc estar tranquil·la?» Llavors va explicar-me la trajectòria personal de la seva germana. Potser va detectar una certa perplexitat en el meu rostre que li va fer dir: «Als Estats Units comença a haver-hi un nombre considerable de dones que renuncien a tenir una família pròpia per tal de poder desenvolupar-se plenament en la seva feina.»

La Betty parlava dels Estats Units i de les actituds de la Bàrbara amb un gran distanciament. Ella vivia una realitat diferent i no semblava descontenta. Sigui com sigui, no puc donar gaires dades de la seva experiència personal, ja que la consulta no estava centrada en ella, sinó en cercar una opinió sobre el que podia passar amb el seu pare i sobre el sentiment de desconcert que li provocava l'actitud de la germana. El que sí que era evident és que, en referir-se a la seva família —marit i fills—, ho feia amb satisfacció; de les seves paraules es desprenia que no se'n penedia, d'haver decidit seguir el seu marit, haver format una família i haver-se desplaçat a viure en un altre país.

Em va demanar sobre la possible evolució del procés del seu pare i vaig haver de dir-li que hi ha moltes dificultats per fer una previsió de l'evolució d'un deteriorament senil i, encara més, sense conèixer la persona afectada. També vam parlar de la inconveniència de traslladar els seus pares a viure a casa seva. Ella estava disposada a portar-los a Catalunya, «el meu marit i els meus fills estan d'acord a fer-ho si jo ho decideixo.» Vaig dir-li que un trasllat d'aquesta magnitud podia afectar l'evolució del seu pare i desarrelar la seva mare, a part de trencar, encara més, la vinculació dels pares amb els altres tres fills que vivien a l'Amèrica del Nord. Ella va admetre el meu raonament, em va semblar que, en el fons, era el que volia escoltar. Va ser una entrevista aïllada; vaig oferir-me per si volia venir més endavant a consultar-me algun dubte que se li presentés. No ha passat gaire temps; però, fins ara, no he tornat a veure la Betty.

Dues germanes educades en una mateixa família i, per tant, amb uns valors similars organitzen la seva vida amb unes prioritats completament diferents. La Betty ha seguit un patró de comportament convencional, ha deixat que la seva afectivitat sigui un element fonamental que li dicti el camí que ha de seguir a la vida. En enamorar-se del seu marit va anar-se'n a viure en un altre país on ha format una família, ha treballat, de manera discontínua, per a unes empreses i per una entitat vinculada al seu país de naixença i, a més, manté una disponibilitat per atendre els seus pares. La seva vida no ha estat condicionada per la feina com la de la Bàrbara, que ha evitat, qui sap si per alguna raó afegida, que l'afectivitat fos un obstacle a les seves ambicions professionals.

Segons sembla, no és un cas aïllat, ni als Estats Units ni a Europa. Per a algunes dones la renúncia a la parella i a la maternitat està justificada per tal d'obtenir l'èxit en la seva professió. No tinc res a dir-hi, és una opció lliure que sorgeix de les evidents dificultats que té una dona, si no troba una parella participativa, per dedicar-se intensament a la feina i poder aconseguir l'èxit, que sol demanar un gran esforç i un elevat nivell d'exclusivitat. Es tracta d'una motivació diferent de la convencional i la podem interpretar com un signe del que significa donar prioritat a l'activitat professional i a l'èxit per damunt dels altres aspectes de la vida. Per a les dones es tracta d'una situació nova. Abans, molts homes han organitzat la seva vida de manera que la professió i el triomf han estat el centre de les seves prioritats; a ells, però, no els calia renunciar a la família, en tenien prou deixant que fos la dona qui la cuidés.

L'experiència de la Bàrbara és un exemple d'on ens pot portar una vida centrada exclusivament en la dedicació professional. Els homes han estat els precursors en la dèria de centrar la vida en la feina. Però a ells, com deia, no els ha calgut renunciar expressament a la seva vida familiar; la dipositaven, i encara la dipositen, en mans de les dones i dediquen tots els seus esforços a la tasca professional, actitud que és compatible amb una certa vida familiar, però no amb el desenvolupament de la seva afectivitat. Les dones, en no trobar la fórmula que fa compatible la dedicació plena a la feina i l'atenció a la família, poden arribar a trobar-se en la situació d'haver d'optar per una o per l'altra, treballar amb una dedicació limitada renunciant expressament a la promoció professional en igualtat de condicions amb l'home o treure el fetge per la boca treballant atrafegadament a la feina i a casa.

El procés d'obtenció d'una igualtat d'oportunitats per part de la dona respecte de l'home sembla irreversible, tot i que en el Tercer Món encara queda molt camí per recórrer, allà gairebé tot està per fer. A Occident la dona s'acosta a la possibilitat de viure experiències laborals considerades fins ara exclusivament masculines.

Caldrà admetre que l'opció de deixar de costat la vida afectiva per dedicar-se únicament a treballar és una resposta raonable a la situació en què viuen algunes dones, les quals, en voler mantenir una activitat professional amb alta dedicació i responsabilitat i voler fer-la compatible amb la vida familiar, es veuen atrapades per l'anomenada «doble jornada». El cansament continuat i la sensació permanent de no poder atendre adequadament ni la feina ni la llar les situen en la precarietat de l'estrès. La qualitat de la seva vida no és gens envejable i, per tant, es fa necessària una resposta. Sigui com sigui, crec que no podem admetre, com a única alternativa generalitzable, l'opció que passa per la renúncia a la vida familiar; es pagaria un preu massa elevat per poder reeixir en la professió.

Com exposava, la renúncia a la vida afectiva per tal de dedicar-se plenament a la feina no és una novetat. Moltes parelles han patit una greu agressió en la seva capacitat de desenvolupament afectiu en la mesura que molts homes s'han dedicat obstinadament a treballar deixant d'interessar-se del tot per les seves necessitats afectives i les de la parella. El model competitiu comporta, ben sovint, una dedicació tan exclusiva i aclaparadora que resulta impossible de ferlo compatible amb cap altre interès fonamental. Un món laboral en què l'èxit ho justifica tot pot arribar a ser tan engrescador com alienador; el resultat final és viscut en forma d'addicció a la feina, comportament patològic en la mesura que limita la capacitat de viure experiències diferents a les laborals i en la mesura que obre la porta a respostes d'estrès amb molta més freqüència que qualsevol altre tipus de vivència.

La incorporació plena de la dona al món laboral és, afortunadament, irreversible en el proper segle. El repte d'aconseguir una igualtat d'oportunitats entre els dos sexes passa per admetre que la dona pugui dedicar-se amb la mateixa intensitat que l'home a la seva promoció professional. Per fer-ho li caldrà vèncer encara moltes resistències i superar vells prejudicis que afecten més la vida familiar que les relacions pròpiament laborals. Sigui com sigui, tal com li passa a l'home, si la possibilitat de l'èxit professional paga un preu tan elevat com la renúncia a l'afectivitat, caldrà preguntar-se si val la pena. Si la resposta fos afirmativa, penso que ens trobaríem davant d'un procés social molt poc engrescador.

Sovint, a l'hora de cercar solucions que permetin la igualtat de possibilitats amb l'home, el parany se situa en l'adquisició de comportaments mimètics als seus. El patró que ha de seguir la dona no passa per apuntar-se a les greus errades que ha comès l'home en la lluita per l'èxit. Moltes dones han estat víctimes del desencís afectiu en viure amb un home que prèviament s'havia automutilat l'afectivitat i ho havia fet en nom de la feina i la productivitat. Arribar a creure que la vida afectiva és incompatible amb l'èxit és una conseqüència de la incapacitat per trobar respostes a les exigències d'una parella formada per dues persones amb vida pròpia, amb igualtat de drets i diferents maneres de viure.

Si l'home ha sacrificat moltes vegades l'afectivitat per la feina sense cap altra repercussió que la queixa de la parella i l'empobriment de la seva persona, la dona pot veure's obligada a decidir entre dedicar-se a la família o a l'activitat professional de manera plena. Mentre que en la convivència de la llar no trobi la corresponsabilització de la parella, el seu món afectiu i el seu món laboral poden entrar en confrontació i arribar a ser incompatibles segons el tipus d'exigència que demani la feina.

Caldrà reinvindicar, per dones i per homes, la possibilitat de portar una vida laboral reeixida sense haver de renunciar forçosament a la vivència d'altres interessos.

Les següents dades donen una idea de la incorporació de la dona al treball i de les modificacions entre les activitats dels uns i les altres: més d'un vuitanta per cent dels estudiants de medicina l'any 1996 són dones. Especialitats com la cirurgia, la urologia i fins i tot la radiologia que, fins no fa gaire, eren preferentment exercides per homes, han començat a interessar a les dones. Fa vint anys l'estadística era simètricament contrària: un vuitanta per cent d'estudiants de medicina eren homes. Pot ser que el canvi respongui a factors vinculats al prestigi de la professió i al nou perfil professional del metge. És del tot irreversible la plena incorporació de la dona a la medicina. Paral·lelament els estudis d'infermeria interessen cada vegada més als homes.

Si, no fa més de vint-i-cinc anys, l'assistència sanitària era portada a terme per metges —homes— i per infermeres —dones—, per al futur immediat albirem uns organigrames on les metgesses seran majoria i els infermers s'equipararan, en nombre, amb les infermeres. Una inversió de papers que ens parla de moltes més coses que de canvis en el prestigi de les professions.

A la carrera de magisteri també té lloc un procés lent d'incorporació d'homes, tal com passa en el cas d'infermeria, de manera que uns estudis que fa vint anys eren gairebé exclusius de les dones, interessen, cada vegada més, als homes. El procés és invers al de la medicina i hi haurà qui ho lligarà amb el progressiu prestigi de la professió de mestre.

Les carreres tècniques encara són de predomini masculí, de la mateixa manera que les noves tecnologies semblen interessar més als homes que a les dones. Segons sembla, de cada deu usuaris de telefonia mòbil set són homes, i aquesta xifra augmenta quan es fa referència a qui és el comprador del primer aparell familiar. En canvi, l'índex de compradors de llibres situa les dones molt per damunt dels homes: més d'un vuitanta per cent dels consumidors de llibres són dones, xifra que encara és més contundent si ens referim a la literatura de ficció. Els homes llegeixen poc i, quan ho fan, és sobre temes tècnics relacionats amb la seva feina.

El cert és que encara hi ha una divisió laboral amb domini masculí. Els llocs de responsabilitat de la majoria d'empreses són ocupats per homes, mentre que les tasques de secretaria són exercides per dones, però aquesta situació està canviant. Si tenim en compte el nombre de dones universitàries que actualment cursen els seus estudis, tot fa preveure un progressiu increment femení en les cúpules directives empresarials, fet que es palesa de manera lenta però progressiva si fem un repàs dels diferents organigrames de les empreses i, fins i tot, de l'admistració pública.

Del dret aconseguit de poder treballar s'ha passat, afortunadament, a l'oberta possibilitat de competir amb l'home per la majoria d'activitats i responsabilitats, procés ja del tot irreversible; tan sols alguns reductes —militars i clergues, per exemple— queden exclusivament en mans dels homes.

Caldrà veure si la dona cau en el parany, fins ara patrimoni preferent dels homes, d'aspirar al poder a tot preu. Algunes de les limitacions professionals de la dona poden venir de la mateixa dona en la mesura que a la seva escala de valors situï fites diferents de l'èxit per l'èxit. Si la seva necessitat de viure els aspectes afectius li permeten renunciar voluntàriament a certes competitivitats, potser quedaran espais de poder allunyats de les dones que tenen clares les seves preferències i la seva escala de valors. Es tracta, però, d'una alternativa no gens desitjable, ja que torna a provocar una desigualtat injusta. Al meu entendre, si el desig d'èxit fos compartit amb el desig de desenvolupament afectiu tant pels homes com per les dones, seria una victòria de la dona i una lliçó per a l'home. Malgrat l'aparença masclista d'aquesta afirmació, cal dir que és fruit del desig d'alliberar, en la mesura que sigui possible, homes i dones de l'esclavatge que implica l'ànsia de poder i la dependència de l'èxit. Pot ser que el futur ens posi davant un món laboral amb igualtat entre homes i dones i que d'aquesta igualtat se'n desprenguin aprenentatges per a uns i altres. Tant de bo l'home sigui capaç d'aprendre a estimar altres coses fora de la seva feina i tant de bo la dona no perdi la capacitat crítica envers la competitivitat i la fal·lera laboral masculina. Uns i altres hi sotiríem guanyant. De moment apareixen actituds en tots sentits. Algunes dones, per tal d'aconseguir espais de poder entre els homes, actuen de la mateixa manera que ho fan aquests (com el cas de la

Bàrbara). També es pot constatar que hi ha homes que, en viure la competència directa amb la dona, aprenen mecanismes diferents de la competència; alguns se'n surten, d'altres no, com li passa a en Pau, en el cas que descriuré tot seguit, on veurem com, malgrat tenir les idees aparentment clares, a l'hora de la veritat li resulta impossible aconseguir conviure, en un pla d'igualtat, amb la seva dona en relació amb la feina.

En el nombre de conflictes sorgits en el si d'una relació de parella cada vegada apareix com a motivació més freqüent l'exagerada dedicació laboral de l'home i la manca d'interès d'aquest per tot allò que no és productiu i, per tant, la seva falta d'interès pel desenvolupament de la vida afectiva, espai de la quotidianitat on la dona es troba ben sovint del tot sola. Tanmateix, l'home tampoc no troba la manera de metabolitzar les conseqüències de l'activitat professional de la dona. Cada vegada és més conscient del seu dret a treballar, també es beneficia del fet de poder compartir la responsabilitat econòmica de la família, però no sempre en tolera les conseqüències. La integració de l'espai laboral i l'espai afectiu és un repte difícil en la mesura que la disponibilitat de temps és reduïda i l'exigència que es desprèn de la dedicació professional és molt elevada. Homes i dones tenen greus dificultats per mantenir el seu nivell professional. En aquest context esdevé difícil assolir un equilibri que permeti trobar espai per a l'afectivitat, tal com ho veurem més endavant.

Cal afegir una consideració de la qual parlaré en un apartat posterior: la vida professional en el món laboral de finals de segle és molt menys modulable que la de fa una vintena d'anys. Les exigències de les empreses són i seran, pel que sembla, cada vegada superiors, i els contractes indefinits que permeten, d'alguna manera, estabilitzar-se estan extingint-se. A homes i dones se'ls exigirà dedicació i entusiasme en les seves feines, no tan sols per promocionar-se, sinó que caldrà, per mantenir el lloc de treball, demostrar eficiència i dedicació constant. Davant d'aquesta situació, el suport que es trobi en la parella, la capacitat d'organitzar-se i, per damunt de tot, una autoestima que permeti l'harmònica convivència amb un mateix, esdevindran factors imprescindibles per poder optar per una vida en què sigui possible la concordança entre els dos mons personals més significatus de tot individu: l'afectiu i el laboral.

DESCONCERT DE L'HOME

Fa anys i panys que conec en Pau i la Carme, tots dos són companys de professió. Un i altra tenen el reconeixement d'una sòlida formació i d'una capacitat assistencial fora de dubte. Han conviscut sense especials conflictes durant més de vint anys, han tingut dos fills i semblava que res no podia canviar la seva situació fins que va arribar un nomenament que va resultar nefast per a la seva relació.

En acabar la carrera de medicina ja estaven aparellats i, un cop obtinguda una plaça per poder fer l'especialitat, van decidir casar-se. Tots dos treballaven en centres hospitalaris diferents, compartien hores d'estudi, comentaven històries clíniques i s'ajudaven en l'elaboració de les publicacions científiques que feien. Alguna vegada havien compartit la titularitat d'algun treball de recerca. Tot transcorria segons havien previst quan decidiren establir-se com a parella.

El naixement dels fills va originar algun conflicte en la relació. La disponibilitat d'en Pau a l'hora d'atendre necessitats immediates era bona, però la quotidianitat quedava en mans de la Carme. Ell era dels que ajudava força, però no s'implicava massa. Ella insistia a dir-li que volia compartir la responsabilitat de la llar com passava abans de tenir fills, no en tenia prou només amb «l'ajuda». Ell semblava sorprès per la demanda de la seva dona, solia replicar que feia moltes més coses a la llar que la majoria dels seus amics, la qual cosa era segurament certa. Tot plegat significava l'existència de petites desavinences que no implicaven problemes seriosos ni tensions fortes en la convivència. Ni l'un ni l'altra no en volien, valoraven massa l'afectivitat que hi havia entre ells per elevar a la categoria de conflicte allò que no eren més que lleus desacords.

A mesura que els fills es feien grans i començaven a anar a col·legi, la relació va recuperar un to molt favorable i van desaparèixer les desavinences de què hem parlat. Algunes vegades havia sentit com la Carme valorava molt positivament l'actitud d'en Pau pel que feia a la llar, als fills i a la seva capacitat de potenciar-la professionalment. Molts dels seus amics els vèiem com una parella exemplar.

Treballaven, des del començament de l'exercici professional, en hospitals diferents. Tots dos havien aconseguit el mateix nivell en la jerarquia laboral i tot indicava que no hi havia cap problema de competitivitat entre ells; al contrari, es potenciaven mútuament, fet que era conegut i admirat pels seus companys.

La situació es va veure afectada quan va

quedar lliure la plaça de cap de servei en el departament on treballava en Pau. Encara que no sigui conegut pels usuaris, els enfrontaments entre professionals per tal de promocionar-se són molt aferrissats, tant que fins i tot esclaten divisions internes de gran radicalisme. Sembla que la situació d'aquell servei era d'allò més conflictiva a l'hora de cercar un cap entre els qui hi treballaven. Aquest fet va provocar que en Pau tingués la pensada de proposar a la Carme que es presentés al càrrec. Ella tenia un currículum excel·lent, havia publicat molts articles durant les baixes maternals i havia fet nombroses aportacions a congressos. El seu perfil semblava l'adient per accedir al lloc de cap de servei. La seva candidatura ve ser valorada favorablement i li van donar la plaça. En Pau es mostrava d'allò més satisfet i, almenys en aparença, sense cap mena de recança. Ho van celebrar amb un sopar on van convidar molts amics i companys de feina, era una manera d'estrenar-se en la tasca de cap de servei donant per acabats els enfrontaments entre candidats. La Carme era hàbil en les relacions humanes i sabia guanyar-se la simpatia dels altres.

La Carme fou ben acceptada per la majoria de companys d'en Pau; la seva reconeguda professionalitat i la gran capacitat d'organització eren ponderades per tothom. D'altra banda, la parella s'havia proposat separar la seva actuació professional de la vida privada. Des del primer dia decidiren anar a treballar cadascun amb el seu cotxe, tal com havien fet sempre, a fi d'evitar la necessitat de sortir plegats i desconnectar-se de la feina abans de trobar-se a la llar. Tot semblava lligat per no entrebancar-se amb la nova situació; en van parlar llargament i en Pau va mostrar-se en tot moment col·laborador amb la Carme per tal que ella reeixís en la nova tasca professional. Amb els amics i familiars en Pau sovint feia bromes respecte a la nova situació: «Sempre manen les dones; però jo, a més, ho tinc reconegut pels papers.» «A les seves ordres», deia a la Carme quan aquesta li demanava alguna cosa. Ho feia de manera divertida, no semblava pas que les coses l'afectessin tant com després es va veure.

Les primeres vacances d'estiu que va passar la parella, després del nomenament de la Carme, van anar al lloc habitual i, van ser agradables i satisfactòries com solien ser-ho cada any. Alguna tensió de caràcter lleu, deguda a les visites de les respectives famílies, i alguna diferència de preferències a l'hora de triar activitats. Però, comptat i debatut, no va passar res que se sortís del que era habitual.

Pel setembre, en tornar a la feina, en Pau va començar a canviar d'humor; ho atribuïa a la mandra de tornar a treballar. Era d'aquells a qui costa molt arrencar el dilluns i, encara més, els primers dies de retorn a la feina després de les vacances. Aquell any, però, el desànim era més remarcable i, sobretot, el mal humor era molt superior al que solia mostrar en aquestes situacions. Anava a treballar una mica més tard del que era exigible i es desentenia d'alguna de les seves obligacions. El seu prestigi era prou reconegut perquè ningú no detectés el seu canvi a la feina, només la Carme. Aquesta veia com, a més de la seva indolència laboral, hi havia un distanciament i una actitud indiferent a la llar; es mostrava menys afectuós, moderadament irritable, poc comunicatiu i amb predisposició als comentaris molt crítics sobre totes les coses. Tot plegat sorprenia encara més en la mesura que no es tractava de la manera de fer d'ell, perquè en Pau era més aviat optimista, donat a les bromes i a treure ferro a les situacions tenses.

Mai no havien tingut problemes en les relacions sexuals. Ara la disponibilitat d'en Pau era poca i, quan accedia als requeriments d'ella, el seu comportament era desconegut, poc considerat: es mostrava poc afectuós i poc complaent envers la Carme. De mica en mica distanciaren les relacions fins a passar mesos sense tenir-ne, cosa insòlita en ells.

La Carme va intentar moltes vegades dialogar amb el seu marit sobre el que els passava. Ell fugia d'estudi, negava que li passés res i, quan ella preguntava si tot plegat tenia alguna relació amb el fet que fos la seva cap de servei, ell treia arguments contundents a favor del dret de les dones a treballar en igualtat de condicions amb els homes i afegia que calia considerar com la cosa més normal del món que una dona fos cap de servei. Posava l'exemple d'altres companyes que tenien aquest càrrec i eren excel·lents amigues; «jo no he estat mai competitiu», assegurava. La Carme es desconcertava, la quotidianitat imposava el seu ritme i no trobava la manera de desfer la tensió i la fredor generada.

Un dia en Pau va dir-li que volia separar-se. Va adduir que se sentia atret per una jove resident i que la relació s'havia deteriorat per la manca d'afecte per part de la seva dona. Després de moltes converses i de repetits intents de la Carme per reconduir la situació, va produir-se la ruptura. Tots els qui els coneixíem vam quedar-nos astorats.

En Pau va confessar-me que no havia pogut suportar que la seva dona fos la cap del servei on ell treballava. En Pau entenia perfectament la situació. No era masclista; al contrari, estava convençut de la necessitat d'igualar drets entre homes i dones. Havia organitzat la seva vida amb la Carme de manera que ella pogués treballar, «si vaig ser jo qui la va engrescar a presentar-se...». Però la quotidianitat havia imposat una barrera, cosa que, segons ell deia, mai no havia cregut possible que li passés. El cas és que no ho va poder evitar: «No ho he sabut fer i ara ja és massa tard per modificar la situació, s'han trencat massa coses.»

Segur que en Pau hauria tolerat perfectament qualsevol dona al capdavant del seu servei, però no pas «la seva dona». Racionalment entenia el despropòsit de la seva reacció; emocionalment no va poder admetre una realitat que li provocava una reacció visceral en contra i, segons explicava, tan incontrolable que volia el trencament perquè deteriorava la relació fins al punt d'impossibilitar la reconciliació. Actualment ell ha trobat feina en un altre centre hospitalari, viu sol i manté una bona relació amb els fills i una distant cordialitat amb la Carme, la qual, malgrat entendre la reacció d'en Pau, no va poder evitar quedar-se profundament decebuda.

La conscienciació social del dret a la igualtat s'està assolint, però no tot pot deixar-se en mans de la raó. Encara hi ha molta tasca a realitzar en el terreny d'actituds ancestralment arrelades en els patrons de comportament i en les reaccions més primàries dels homes que constitueixen entrebancs a l'hora de viure en un pla de veritable igualtat.

La Carme i en Pau havien programat la seva vida d'acord amb uns criteris que subscriuríem la majoria dels qui estem d'acord en la igualtat d'oportunitats laborals i, alhora, creiem en el desenvolupament d'una vida afectiva enriquidora. El desenllaç dels esdeveniments ens planteja algunes preguntes de caire ingenu: hauria estat millor que la Carme renunciés a la seva promoció professional?; es va equivocar en Pau en proposar-li que es presentés al càrrec?; s'hauria trencat igualment la relació? Les respostes, al meu entendre, són òbvies. Ni ell ni ella cometen cap errada, senzillament hi ha esdeveniments que la raó entén i les emocions no poden o no saben pair. Crec en la parella, però no crec que el manteniment de la relació s'hagi d'aconseguir amb el blindatge d'aquesta. Concloure que l'opció de la Carme va ser arriscada per a la seva llar i, per tant, que va equivocar-se seria admetre que el fet d'estar aparellat implica una inevitable limitació professional, en aquest cas la Bàrbara l'hauria encertada amb la seva opció. D'altra banda, des del pensament masculí de les acaballes d'aquest segle, podem entendre les reaccions d'en Pau, les quals, si bé contraposades a les seves opinions, responen a unes emocions que no pot evitar. Una altra cosa és si s'han de considerar adients.

La resposta a la pregunta sobre si el trencament s'hauria produït igualment, tant podria ser un sí com un no. En tot cas, hi ha situacions que precipiten esdeveniments que haurien tingut lloc, tard o d'hora. El trencament d'una relació no sol obeir a una sola motivació, malgrat tenir, gairebé sempre, un desencadenant detectable. En tot cas, l'exemple exposat posa de manifest que la porta d'accés al desenvolupament professional de la dona no és tan sols una qüestió de drets personals; és una cosa que afecta l'organització de la vida i les respostes emocionals dels uns i les altres. Encara ens queda molt camí per recórrer.

Una cosa és el dret de la dona a treballar i una altra són els seus efectes sobre la quotidianitat. Una cosa és que la dona treballi i una altra que ho faci en igualtat de condicions amb l'home. Per a la Bàrbara, aconseguir-ho ha comportat una renúncia; per a la Carme, un conflicte afectiu greu.

Si davant de les noves aspiracions de la dona l'home encapsula el seu comportament resistint-se a qualsevol mena de canvi personal, les actituds de la dona esdevindran, inevitablement, cada vegada més crítiques. Si, en canvi, l'home adopta el posat de qui sucumbeix a la pressió de l'altra, el resultat del procés serà molt poc atractiu per als uns i les altres. Cap relació no pot ser joiosa si hi ha un guanyador i un perdedor.

Lícitament, la dona reclama igualtat de drets i corresponsabilitat domèstica. També demana respecte i capacitat de gaudir de les diferències: diàleg, tendresa, complicitat i passió. Molts homes queden astorats davant unes exigències que sovint entén i comparteix, però que no sap traduir en comportament concret. Viu el procés evolutiu de la seva parella amb desconcert. Mentre que les dones fa anys que albiren un món diferent i s'hi preparen; mentre que elles accedeixen a estudis superiors i es preparen per viure de manera igualitària els drets, respectant i aprofundint i tot les diferències en l'afectivitat, l'home s'ho mira com si tot plegat no l'afectés, com si no fos cosa seva. I tant que ho és!

L'impacte produït per l'entrada de la dona en el món laboral ha estat més o menys assimilat amb el pas del temps. Hi ha, però, encara, com hem vist, moltes actituds masclistes, moltes traves per al desenvolupament professional de les dones, però ni les més radicals podran negar que s'ha aconseguit un canvi d'actitud social tan arrelat que podríem assegurar que caminem cap a un futur igualitari. La qüestió és si ho fem a la velocitat que caldria. Al meu entendre, el repte que ens queda més endarrerit és el domèstic, l'espai on l'home no ha assimiliat què se li demana ni què s'espera d'ell.

Hi ha actituds i comportaments que són decisius per poder integrar de debò tota mena de canvis socials. És del tot insuficient que es promulguin lleis, si bé és important que es faci. El que de debò acaba sent decisiu és el tipus d'actitud personal que afecta les conductes i les emocions, elles són les que afecten la quotidianitat. La necessitat de compartir tasques esdevé imprescindible per tal que la dona no se senti víctima del procés que li permet accedir al treball remunerat, del qual, d'altra banda també es beneficia l'home. Però, a més de la corresponsabilització domèstica, en el plantejament de la dona hi ha un reclam encara més desconcertant per a una majoria d'homes: demanen diàleg, comunicació, complicitat, passió. Les dones, una gran majoria de dones, volen estimar i ser estimades, i saben formular la demanda, saben què esperen de la seva parella. Els homes, també una majoria d'homes, volen estimar i ser estimats, però els costa més de concretar la manera de fer-ho i no saben del tot el que esperen de la seva parella. Tot plegat afecta la relació i es transmet a la capacitat de la dona per viure en situació igualitaria amb l'home.

Cada vegada és més freqüent la queixa de les dones respecte a les suposades mancances dels homes. «No es comuniquen, van a la seva, no tenen sensibilitat, no hi entenen, en complicitats ni en subtileses afectives. Sexualment són reiteratius i poc creatius, són poc tendres i poc emotius...» I els homes se senten injustament acusats de «delictes» que ells ignoren. Però, com en la resta de normes socials, el desconeixement de les lleis no n'excusa el compliment. Llavors ens cal preguntar qui dicta la llei. És clar que, en el terreny afectiu, han estat les dones que s'han ocupat de manifestar les seves necessitats i palesar les seves aspiracions, mentre que els homes, majoritàriament, s'han desentès del tema.

Per tal de poder sortir de la situació de desconcert, a l'home només li queda el camí d'adonar-se que la majoria de les propostes que, pel que fa a l'afectivitat, sorgeixen de les dones, també són enriquidores per a ells. Fer-les seves per tal de poder-les modular, per tal de masculinitzar-ne la forma, per tal d'aprofundir la diferència que faria més engrescadora la trobada, és el repte que resoldria el desconcert.

L'home i la dona s'enfronten a un futur nou, els patrons de comportament dels seus respectius pares i mares ha deixat, ja fa dècades, de ser un mirall on cercar-hi referències. L'home i la dona estan inventant un tipus de convivència en la igualtat al mateix temps que apareixen noves diferències, no tan sols en l'essència personal, també en el terreny de l'ocupació. Vèiem abans com l'accés a determinades àrees del coneixement s'està especialitzant per sexes, que hi ha estudis universitaris que, en un temps no superior als vint anys, han passat de ser patrimoni quasi exclusiu dels homes a ser-ho de les dones. Les expectatives de futur dels uns i de les altres està condicionat per noves ofertes i per les respectives capacitats d'adaptació a aquestes. Homes i dones han guanyat la igualtat per poder-se permetre el goig d'anar descobrint noves diferències, que poden servir per gaudir-les o per provocar un desconcert cada vegada més aclaparador.

La modulació del desconcert masculí té també una dimensió personal desconnectada, en part, de la demanda femenina. Fins no fa gaire, els patrons masculins de comportament eren clars i definits, passaven de pares a fills de la mateixa manera que es transmetien altres habilitats i costums. Allò que la dona esperava de l'home venia determinat per la capacitat de rendir i produir i, alhora, per l'exercici d'una llibertat individual que li venia donada pel sol fet de ser home. Ara la masculinitat està en crisi. Valors que tradicionalment li havien estat atribuïts han deixat de ser valors per passar a ser antivalors: l'agressivitat, la força bruta, una sensibilitat endurida, la manca d'escrúpols, entre altres valors, han estat blasmats com a signes d'un món masclista i caduc. L'home, que ho entén i ho accepta, no sap, però, quins són els valors substitutius i es desconcerta. Quan renuncia a la força, quan aconsegueix ser més sensible, quan vol mostrar-se capacitat per a la tendresa, quan vol descobrir una nova manera de viure la masculinitat, sovint no es reconeix, li manquen referents previs, li manquen antecedents indispensables per a qualsevol identificació i, la majoria de les vegades, tampoc les dones no saben reconèixer en l'home el seu esforç, ni tan sols saben si els agrada l'home que han idealitzat.

Homes i dones estem cercant una nova manera de viure. Que uns i altres tenim els mateixos drets és inqüestionable; que volem ser iguals també; però també ho és que necessitem les diferències i que, en trobar-les, no ens resulta gens fàcil d'assimilar-les. Les dones han «masculinitzat» alguns dels seus comportaments i els homes comencen a «feminitzar-los»; però ni l'un ni l'altre camí semblen els més adients. El repte és trobar els límits entre allò que volem igualar i allò que volem acceptar com a diferent.

UNA NOVA MANERA D'ENTENDRE L'AFECTIVITAT

En Lluís és un noi de vint-i-tres anys, fill d'un industrial i una metgessa. La Marta té la seva mateixa edat, és filla d'un agent de comerç i d'una mestra. Fa prop de dos anys que surten junts, tots dos fan quart de medicina a la mateixa facultat.

Els vaig conèixer quan em van venir a veure per exposar-me el problema que tenia la mare d'en Lluís. Segons explicaven, era una consumidora d'alcohol en quantitats suficients i amb comportaments addictius evidents per considerar-la una persona alcohòlica. Ells se sentien dipositaris del problema en la mesura que el pare d'en Lluís no acceptava que la seva dona pogués ser una malalta alcohòlica; d'altra banda, les relacions entre ambdós eren molt distants i no gens satisfactòries, la qual cosa encara els feia sentir més implicats. Havien intentat moltes vegades que el pare es fes càrrec de la situació i intentés ajudar la seva dona, però no ho havien acoseguit.

En Lluís és fill únic i la seva família, pel que expliquen, sembla força desestructurada. Ell mateix sospita, i tot indica que amb força fonament, que el seu pare té una relació afectiva més o menys estable amb una altra dona i que la seva mare té relacions esporàdiques amb altres homes. Malgrat tot, continuen convivint en la mateixa casa on viu en Lluís, si bé aquest cada vegada passa més temps a casa la Marta, on troba un caliu familiar que no ha trobat mai a casa seva. Aquest fet no deixa de provocar-li un cert sentiment de culpabilitat: si se suposa que la seva mare beu com a conseqüència de la solitud, el fet que ell cada vegada passi més temps a casa la Marta pot ocasionar un agreujament de la ingesta d'alcohol. La Marta li proposava que passés algunes estones amb la seva mare, però a ell se li feia difícil: «A casa meva no hi estem bé, sempre hi ha tensions.» Sempre que hi anaven, trobaven a faltar un clima adequat per estudiar i, pel que feia a la reacció psicològica d'en Lluís, les tensions el neguitejaven més del que a ell li semblava que podia suportar, hi havia una evident tendència a actuar evitant el conflicte. Ell patia per la seva mare, però com menys la veia més es podia escapolir del neguit que li provocava: «Veure la meva mare de la manera que es posa m'afecta molt, em costa més estudiar i em poso de molt mal humor.» Admetia que la seva actitud es podia considerar egoista, però confessava que li era molt difícil modificar-la: «Algunes vegades em proposo passar la tarda a casa i al cap d'unes hores agafo els apunts i me'n vaig a casa la Marta.»

Els familiars dels addictes a l'alcohol, com els passa als familiars dels addictes a qualsevol altra droga, solen sentir, alhora, un cert nivell de culpa i també d'impotència davant les dificultats que hi ha per aconseguir que el malalt prengui consciència de la seva situació. El fet que, com en aquest cas, l'afectada sigui metgessa representa un inconvenient afegit pel fet que, en general, els metges acceptem molt malament aquestes situacions i ens manca la humilitat necessària per demanar ajuda, encara que pugui ser, com en aquest cas, molt necessària. En general, els metges som mals malalts quan ens hi posem: primer ens costa admetre que ho estem i després no solem seguir les instruccions terapèutiques que se'ns donen. Sempre hi ha excepcions, però no pas en el cas que ens ocupa.

La Marta i en Lluís van mostrar-me, durant el poc temps que vaig tenir-hi tractes, l'esperit d'una parella que creix en harmonia i el desig de viure plegats sense que l'ombra de l'un impedeixi el creixement de l'altre. En ser una parella que no ha tingut encara l'oportunitat de conviure, podrà pensar-se que és un cas comú, i cal dir que, certament, ho és; però el que ha determinat que l'exposi aquí és la referència permanent que em feien al tipus de relació que tenien els pares de la Marta en contraposició a la que tenien els pares d'en Lluís.

En Lluís no s'estava de dir-me: «Si no hagués conegut els pares de la Marta, jo no creuria en la parella. El que jo he viscut a casa és per no creure-hi.» En canvi, explicava amb admiració i una certa enveja, «a casa de la Marta els pares es respecten i s'estimen» i, cosa que semblava ser més sorprenent per a ell: «S'ho diuen.» Pel que sembla, el pare, quan és a casa, participa en l'activitat domèstica amb normalitat, i la mare mai no es queixa de les coses de què ell havia sentit queixar-se sempre la seva mare. «En aquella casa es pot parlar de tot, hi ha bon humor, fins i tot quan les coses no acaben d'anar bé del tot.»

La Marta deixava que en Lluís s'expliqués i en alguns moments semblava fins i tot una mica avergonyida. En Lluís continuava explicant: «La feina del seu pare té alts i baixos. Això, com és natural, l'afecta, però ell no s'està pas d'explicar-ho amb tota normalitat.» La diferència d'ambient quedava palesa en tota la seva exposició, «és extraordinari, es fan celebracions quan les coses van bé i, quan no hi van tant, es procuren animar». El que més li agradava era que mai es donaven la culpa els uns als altres d'allò que no sortia bé o quan hi havia algun problema: «Sempre troben un pretext favorable. Quan la mare està aclaparada per la feina, sobretot al final de cada trimestre quan ha d'entregar les notes, el pare l'ajuda fent-li com de secretari, només deixa de fer-ho si fan futbol per la tele, cosa que la mare troba del tot normal.» Ell ho comparava amb el que havia viscut a casa seva: «Si vostè sabés el que li deia la meva mare al meu pare quan ell mirava els partits a casa!» En Lluís estava encisat pel tarannà dels pares de la seva xicota i, alhora, sorprès de veure que podia mantenir-se una relació de parella sense tensions ni males cares permanents i, en cas que n'apareguin, que sigui possible resoldre-les parlant-ne sense escarafalls ni agressions mútues.

La Marta corroborava la versió d'en Lluís: «La veritat és que he estat de sort, tinc una família molt maca.» Fins feia uns quants anys ella es pensava que totes les famílies eren iguals; però quan va anar coneixent els pares d'amigues i amics seus, es va adonar que hi havia moltes maneres de viure, «a cada casa hi ha realitats diferents». En coneixia algunes que eren més o menys com la seva, però també n'havia conegut de molt diferents. Estava molt satisfeta de tenir els pares que té i li agradava veure com en Lluís es troba bé i de gust a casa seva. El que li passava a la mare d'en Lluís li ha fet pensar que la preferència d'aquest per la seva família podia ser un problema que incrementés la solitud de la mare i, per tant, la tendència a beure. La Marta tenia un sentiment de llàstima per la mare d'en Lluís i, alhora, un cert ressentiment en la mesura que feia patir a qui ella estimava. En canvi, se sentia enfrontada amb el pare, a qui considerava, d'alguna manera, responsable de l'estat de la seva dona i del fet que en Lluís se n'hagués d'ocupar. La Marta volia que el problema se solucionés, que la mare d'en Lluís admetés un tractament, tant perquè això voldria dir que la cosa s'encaminava adequadament, com perquè deixaria de veure angoixat en Lluís. Ella intentava evitar que en Lluís s'allunyés massa de la seva mare, però tampoc podia anar en contra del benestar d'ells dos. A vegades tot plegat els portava a discussions, perquè ella voldria resoldre el problema d'ell i ell que ella no hi patís. «Voldria poder ajudar en Lluís, em fa pena el que li passa i penso que estar cada vegada més temps a casa meva no pot ajudar la seva mare, que està molt sola.»

Ignoro l'evolució de l'alcoholisme de la mare d'en Lluís, les últimes notícies que en vaig tenir van ser que, finalment, havia acceptat ser visitada per un especialista i s'havia compromès a seguir un tractament.

La capacitat de la Marta i en Lluís per detectar el caliu afectiu dels pares de l'un i l'altra no podia sorprendre'm. Sempre he cregut que els fills són els millors testimonis de l'afectivitat dels pares i a qui és més difícil d'enganyar. També estic convençut que el nivell afectiu viscut a la família és una empremta de gran importància en la capacitat posterior per resoldre els afers relacionats amb l'afectivitat.

Els pares de la Marta van ser els qui van ajudar en Lluís a enfrontar-se a la seva mare. Va ser la Marta qui va voler passar moltes estones a casa d'en Lluís per tal de no deixar-la sola i mostrar-li, amb el seu marcatge, la necessitat que tenia de beure amb molta freqüència.

La disponibilitat de l'un envers l'altra és més fàcil de demostrar en situacions conflictives que en la quotidianitat. Sovint allò que té dramatisme uneix les persones; per aquest motiu no em sorprenia tant la capacitat de la Marta de donar suport a en Lluís, sinó la manera de viure aquest suport per l'un i per l'altra. En cap moment, al llarg de les entrevistes, no tenien la necessitat d'agrair-se res, en cap moment no es va demostrar superioritat o inferioritat. Dues persones iguals, en situacions diferents, amb personalitats diferenciades i mútuament respectades, s'enfrontaven a una situació que volien resoldre. Tant de bo se n'hagin sortit.

Conec parelles joves, com en Lluís i la Marta, que tenen un projecte comú de viure una afectivitat basada en els sentiments d'estimació i en el respecte de la independència mútua i de les respectives autonomies personals. També conec parelles com els pares de la Marta que, malgrat fer anys que conviuen, han trobat la manera de respectar-se les diferències i de viure en situació d'igualtat; cal dir, però, que no sense dificultats. Lògicament, per raó de la meva feina, en conec encara més que tenen un tipus de relació com la dels pares d'en Lluís.

El testimoni de la Marta i en Lluís evidenciava que la vida dels pares d'ella no era del tot fàcil, però sí que era plena de capacitat per assumir, per part de cadascú, el seu paper sense voler imposar-se a l'altre. Una tranquil·la normalitat que, al meu entendre, només es pot aconseguir amb un esforç continuat i el desig mutu de voler ser feliç amb l'altre i que aquest també ho sigui.

Tot plegat em permet continuar creient que és possible una vida de parella en la qual cap component no fagociti l'altre i en la qual es mantingui el caliu afectiu.

El canvi de rol social de les dones implica un canvi en la vivència de l'afectivitat. Hem vist, en l'apartat dedicat a parlar de la feina, com sembla molt més ben metabolitzada la nova situació en el terreny públic que en el privat. La majoria de conflictes apareixen en la relació interpersonal i en la correlació de forces i de prestigis de la parella. En general, els homes hem acceptat millor la companya de feina en un pla d'igualtat que no pas la parella en el mateix pla. Per aquest motiu, el repte fonamental que s'ha de resoldre és el de la dualitat afectiva entre l'un i l'una. Un que, com hem vist, sovint està desconcertat i una que tampoc no acaba de saber el que espera de l'altre.

Em deia una dona, no gens sospitosa pel que feia a la seva cultura feminista: «Les dones volem que l'home sigui d'una manera; però, si ho aconseguim, llavors no ens acaba d'agradar. Si són com volem, no ens omplen; si són com no volem, ens molesten. Sabem el que no ens agrada dels homes, però, si més no a mi em passa, encara no sé com m'agraden.» Segurament el que no vam ser capaços de definir en la nostra conversa és la dificultat d'aplegar dues realitats humanes que, ben sovint, costa de posar en un mateix pla: les raons de la raó i les raons dels sentiments. Les dues solen anar per lliure i, si bé estem en un temps de domini racionalista, els designis dels comportaments més privats encara estan vinculats a allò que és menys raonable, afortunadament.

El pas del pensament teòric a la vivència pràctica no sempre és automàtic. Es pot tenir molt clar com hauria de ser una relació afectiva en un terreny de respecte de les igualtats de l'un i de l'altra i de respecte de les diferències que esdevenen motors de l'afectivitat; però, a l'hora de la quotidianitat, apareixen actituds i reaccions que, tossudament, ens demostren que som menys amos de les nostres respostes emocionals del que voldríem. Aquesta realitat pot veure's com un obstacle que s'ha de superar o com un condicionant enriquidor que ens deixa entreveure la impossibilitat de limitar el món dels sentiments en unes teories que, pel fet de ser-ho, sempre seran limitadores. Justament de la llibertat que reclama una afectivitat nova en surt una primera condició: la impossibilitat de limitar-la a normes i a supòsits previs.

Despullada la relació d'apriorismes jeràrquics, aconseguida la igualtat i només intuïda la diferència, la proposta d'una afectivitat nova té un condicionant que pot resultar decisiu: la llibertat. Una dona i un home conviurien en funció del seu desig de fer-ho i ho farien de manera que els fos gratificant a tots dos o, si més no, prou gratificant per mantenir la relació.

Aconseguir una afectivitat basada en la llibertat faria molt més imprevisible i generalitzable una formulació teòrica sobre els trets que necessitaria una «nova afectivitat». Teoritzar sobre la llibertat té l'afortunat límit de la intimitat personal. Això no impideix, però, que sigui necessari resoldre aspectes concrets i treure'n conclusions que puguin ser referents.

Pel que fa a l'afectivitat que reclama, la dona autònoma i independent ha de respondre a dos interrogants: què significa per a ella la maternitat i quina és la demanda afectiva respecte a l'home. D'altra banda, l'home, pel que fa a l'afectivitat que reclama, ha de trobar la seva capacitat de desenvolupar la tendresa que se li demana i, alhora, saber-la manifestar per tal de gaudir-la, aspecte que segurament no està deslligat d'una nova manera de viure la paternitat. L'home ha de conèixer també quina és la seva demanda afectiva respecte a la dona.

La maternitat ha estat el «pretext» per mantenir la dona «fora del joc social»; en la mesura que li calia parir no podia gaudir del seu desenvolupament personal en altres dimensions. El fet que s'hagi pogut controlar la natalitat no significa una resposta suficient a la repercussió personal de la vivència de la maternitat, només aconsegueix limitar-ne les repercussions. En un primer moment la dona necessita trobar una nova manera de viure la maternitat per tal de poder accedir al món laboral; però, al mateix temps, hi ha una interpel·lació ètica: l'exigència profunda de la relació mare-fill. Cal trobar, doncs, la manera de viure la maternitat sense que impliqui una limitació insuperable ni un motiu permanent de sentiment de culpa respecte a la qualitat de la relació que s'ofereix al fill.

Una nova manera de viure la maternitat no pot fonamentar-se en un desprestigi d'aquesta ni en la desmitificació de la seva importància. Malgrat tots els canvis de mentalitat, la possibilitat de parir continua sent, potser, l'experiència més apassionant que se li pot oferir a un ésser humà i encara més si és possible fer-ho lliurement, per voluntat pròpia i no com el compliment d'un deure. De la «dona mare» s'està passant, de mica en mica, a la «dona persona» que entre les seves possibilitats té la de ser mare. En l'estudi *La ricerca delle donne,* la psicòloga italiana L. Zanuso ens proposa: «La dona d'avui té la possibilitat i la disponibilitat de portar a la pràctica un projecte de la seva existència que comporti un repartiment d'atenció a la diversitat dels seus mons personals: la família, la feina, la comunitat, el lleure...» L'autora pretén superar el risc que representa caure en la simplicitat de la doble presència. Una dona no ha de resoldre tan sols el conflicte entre la seva dedicació a la família i la seva dedicació a la feina, també ha de resoldre la seva participació en la vida. Com a tot ésser humà, li cal trobar la dimensió de la seva persona en els diferents espais que li són accessibles, i a més, i de manera diferenciada, té l'oportunitat de la maternitat. Cal adonar-se, però, que la proposta inclou un repte no gens fàcil a la pràctica; les diverses àrees vitals exigeixen dedicació i, per poder-la oferir, cal temps i un esforç tan considerable que ben sovint és heroic i, per tant, fora de l'abast de moltes dones.

La maternitat es converteix en un conflicte per a la dona que treballa si no pot comptar amb la participació activa de la seva parella. Llavors té la necessitat de resoldre l'anomenada «doble dedicació» o «doble jornada laboral». El temps que ocupa la feina més el temps que ocupa l'atenció dels fills li comporta viure atrafegada i, a més, li impedeix desenvolupar-se en altres dimensions personals, si més no en una llarga època de la seva vida. Segurament, l'única manera de fer possible la proposta de Zanuso sigui cercar una dimensió a la paternitat, una nova manera de viure la família que deslliuri la dona de l'obligació de ser-ne l'únic eix vertebrador. Per aconseguir-ho caldrà tenir presents dues condicions: no interferir gens en la vivència profunda de la maternitat i incorporar el pare en l'atenció directa dels fills des del moment del naixement. Cal deixar clar que la maternitat no és compartible, només la dona pot ser mare, només la dona pot viure l'embaràs, el part, l'alletament i tot el que aquests fets impliquen per a la seva afectivitat i les seves vivències més personals. Però una nova vivència de la paternitat, en la qual l'home passi de ser espectador distant i ocasional a ser participatiu i constant, aconseguiria que l'home pogués incorporar-se en un món sensible nou, alhora que alleugeriria la dona de moltes tasques. Una maternitat al costat d'una paternitat activa i vinculant és una maternitat força menys limitadora per a la dona i, a més, dóna pas a una experiència enriquidora, en el terreny afectiu, per a l'home que repercuteix en la relació.

El repte afectiu es traspassa a l'home. De la paternitat se n'ha parlat molt menys que de la maternitat. Ni els estudis sociològics sorgits del feminisme donen gaire joc al paper del pare i, en canvi, donen molta importància a la mare.

Algunes posicions, amb una visió del problema més sociopolítica que psicològica o personalitzada, temen que parlar del paper del pare origini que, una vegada més, la dona demani ajuda a l'home per resoldre el seu problema i que aquest li respongui per treure'n profit. Al meu entendre, no es tracta d'una nova correlació de forces, sinó de poder desenvolupar espais que fins ara havien quedat reservats a l'un i a l'altra, amb efectes perjudicials per a tots dos.

En l'àmbit de la quotidianitat, els conflictes en la parella per l'arribada d'un fill es concreten en una demanda d'ajuda en lloc de fer-ho en una implicació afectiva. El testimoni de no poques parelles ens parla de la possibilitat de l'exercici d'una paternitat en la qual la dedicació al fill sorgeix d'una afectivitat elaborada des del projecte de la parella, des de la decisió de tenir el fill i el manteniment de la participació activa en el desenvolupament emocional de la relació amb ell.

La decisió de tenir un fill ha deixat de ser un deure ineludible de la dona amb la societat. Abans era la conseqüència inevitable de la convivència; ara comença a ser una opció que alguns han volgut posar exclusivament en mans de les dones, penso que limitadorament. Al meu entendre, excloure l'home de la decisió de tenir el fill torna a condemnar la dona a viure la maternitat en solitud; incorporar l'home en la decisió és l'inici de la seva implicació en la paternitat. Quan una parella es decideix a tenir un fill, dóna el primer pas cap a una experiència comuna intensa que els fa possible viure una munió de sentiments personals i compartits. Això no implica cap limitació en el protagonisme de la dona en l'embaràs, el part i la criança, però dóna a l'home la possibilitat de participar de manera molt més propera i des d'un inici, amb una implicació més directa que la que ha estat habitual fins no fa gaire.

La relació afectiva maternal i la paternal són específiques i, alhora, personals. Mai un pare no és una mare ni una mare un pare, de la mateixa manera que cada dona i cada home tenen una manera personal de viure la maternitat i la paternitat, respectivament. També la persona del fill/filla condiciona la relació afectiva, les relacions pare-fill/filla i mare-fill/filla són duals i personalitzades atenent a la manera de ser i de viure de cadascun dels protagonistes de la relació.

En potenciar la plena incorporació emocional de l'home en la vivència de la decisió de tenir un fill es potencia, també, la proximitat afectiva a la dona embarassada, la presència durant el part i l'actuació directa en l'atenció al fill des del primer moment, la qual cosa significa agafar un protagonisme que podria ser interpretat com un intent d'usurpació de funcions fins ara pròpies de la dona. No té per què ser així, es pot mantenir íntegra la vivència de la maternitat i incorporar-hi la de la paternitat. Algunes dones podrien dir-nos: «Ara que la maternitat és assistida i podem viure-la amb més serenor i atencions, els homes volen compartir-la. Quan els interessa, volen acostar-se a les nostres funcions; quan les coses eren molt més difícils, ens ho deixaven per a nosaltres soles.» Tot i entendre l'argument, no el puc compartir. Des de la confrontació sistemàtica no podrem intentar acostar-nos a l'afectivitat, tampoc a la maternitat. La dona ha vist com s'ha utilitzat la maternitat com una circumstància discriminatòria, i ara, que ja no ho és o ho és molt menys, sembla que es pretengui disminuir la seva implicació. No és aquesta la proposta, penso que la paternitat ofereix a l'home la possibilitat de viure un fenomen afectiu que l'enriqueix i, de retruc, enriqueix les seves capacitats afectives, de les quals es beneficiarà, sobretot, ell, però també la seva parella.

El fet de compartir l'experiència de ser pares, des de les respectives vivències de la maternitat i la paternitat a les quals mai no serà possible treure la seva condició específica, fa molt més assequible la trobada afectiva, el descobriment de les diferències entre l'un i l'altra, i la capacitat de treure'n motiu per l'arrelament d'una estructura emocional que permeti l'equilibri entre la «necessitat de l'altre» i el respecte de les autonomies personals de l'un i de l'altra.

El repte se situa en la possibilitat de trobar un espai afectiu d'interpel·lació mútua amb respostes gratificants entre home i dona. És una qüestió no gens deslligada de la proposta de trobar un sentit a la paternitat. Gosaria dir que el desenvolupament afectiu que aquesta suposa —ser pare— pot donar a l'home, si s'implica obertament en la seva funció, el nivell de tendresa i capacitat afectiva que pot desitjar una dona i, alhora, la capacitat de conviure el procés de la maternitat; i, per part de la dona, la predisposa a una relació afectiva amb l'home. És clar que això només fa referència a condicionants personals de l'un i de l'altra per la trobada afectiva. Cal, a més, la presència dels sentiments amorosos ancestrals, que només han canviat, en el pas del temps, en això: que ara hi ha consciència de la necessitat de respectar-los. Afortunadament, a Occident les relacions afectives no vénen imposades per l'autoritat dels pares, encara que tots sabem que hi ha moltes formes d'actuar de manera condicionant. L'amor ha existit sempre; ara, però, en la nostra cultura se'l considera molt més decisiu a l'hora d'iniciar una relació.

Quan la dona s'ha atrevit a donar la seva opinió pel que fa a l'afectivitat que rep de l'home i ha pogut manifestar el seu desencís, una majoria ha palesat la poca subtilesa, sensibilitat i capacitat per a la complicitat de les seves parelles masculines; el cas és que una majoria d'homes ha viscut sempre d'esquena al desenvolupament dels seus afectes. Ara, sota el reclam de la dona, els homes tenen l'oportunitat de ferho. El «com» és molt més difícil de concretar, sobretot en la mesura que no hi ha fórmules generalitzables per a tothom. Malgrat tot, intentaré formular uns condicionants que podrien servir-nos com a element de referència, tot i creure que, quan l'afectivitat és lliure, és més creativa i més personalitzada, i, per aquest motiu, més modulable i imprevisible serà l'evolució d'una relació. Una de les característiques de l'afectivitat d'avui, que previsiblement es refermarà en el futur, és la seva capacitat de ser canviant. L'afecte de l'altre es guanya cada dia, afortunadament queden enrere les lleialtats vinculades a la dominació i a les normes.

Ha estat la dona qui ha reclamat una nova manera de viure les relacions de parella. La dona aspira a una afectivitat lliure, igualitària en drets i deures i, alhora, tendra i dialogant. L'home, en una majoria de casos, no sap, no entén, o no vol saber i no vol entendre què és el que implica el canvi que se li proposa des de l'altre costat de la parella; molts encara enyorarien la dona que, sense queixa ni opinió, els cuidava i els atenia per ser fidels a un compromís adquirit.

Per tal de poder accedir a un món en què la dona pugui arrelar-se com a ésser humà autònom, només hi ha dos camins: o els homes canvien actituds i comportaments domèstics o a les dones els caldrà anar radicalitzant el seu discurs, cosa que ocasionarà permanents tensions en defensa d'uns drets que als homes els semblen inqüestionables fora de casa, però molt més difícils d'admetre en l'espai domèstic. Per poder-ho aconseguir ens caldrà assumir que, mentre que la dona ha evolucionat per accedir a un nou model de feminitat, l'home s'ho ha mirat de lluny, com si no l'afectés. Ara s'adona que no és així i li cal trobar una nova manera de viure la masculinitat; la proposta que feia referent a la paternitat pot ser un camí per donar pas al desenvolupament de les seves capacitats afectives.

L'acceptació de les diferències entre l'home i la dona, i la possibilitat de desenvolupar-les en situació d'igualtat és la primera condició per poder parlar d'una relació afectiva gratificant per a tots dos. A més d'acceptar les diferències, cal ser capaç de respectar-les, tant les que poden atribuir-se a la condició masculina o femenina com les que poden atribuir-se a aspectes personals: manera de ser, educació rebuda, ambient afectiu, cultural, ideologies i creences. Iguals i diferents. Iguals en el rebuig de la dependència, del domini i de la submissió; diferents en tant que éssers autònoms disposats a defensar l'autonomia com un senyal d'identitat de cadascú.

A la pràctica, la possibilitat d'una relació en la qual es mantinguin aquestes condicions requereix una distribució acurada dels espais i dels temps. Ell i ella necessiten un espai i un temps personals per poder-se desenvolupar en el terreny individual; i, a més de l'espai laboral, un espai per a la família. L'espai familiar, al seu torn, requereix una distribució entre els espais de dedicació comuna als fills i els de dedicació individualitzada a cadascun dels fills per cadascun dels pares. A més, i de manera especialment important, espais de trobada de la parella.

Hi ha una correlació entre la capacitat de desenvolupar una trobada afectiva gratificant i la capacitat de ser respectuós amb els espais personals de l'altre. L'observació de moltes parelles m'ha permès veure com aquelles en què la relació és més gratificant són molt més propenses a ser tolerants amb l'altre i, per tant, menys possessives.

El benestar de la parella, quan aquesta es regia com una institució clarament jerarquitzada, es dipositava en la capacitat d'entesa entre un que dominava i una que podia satisfer-lo amb més o menys goig i satisfacció mútua. El nucli de la relació, un cop assolida la igualtat com a fita, és la trobada interpersonal. L'un i l'altra, en la mesura en què trobin gratificació mútua en la relació, mantindran els estímuls suficients per cercar al·licients, l'un en l'altra i l'altre en l'una.

Una afectivitat sorgida de la nova correlació de forces entre l'home i la dona passa per afrontar aquests reptes:

1) Respecte de les mútues autonomies personals.

2) Respecte dels projectes de vida personal de cadascun dels components de la parella.

3) Formulació d'un projecte comú que, en la mesura del possible, no anul·li el projecte personal de l'un i l'altra, ni hi interfereixi.

4) Disponibilitat per a una dedicació mútua per tal de mantenir el caliu de la trobada amorosa, tenir cura de l'afectivitat i del sentiment; dedicació a l'afectivitat de la mateixa manera que es tenen dedicacions a d'altres aspectes importants de la vida.

5) Desenvolupament de l'afectivitat que sorgeix de la capacitat de viure la paternitat.

6) Vivència d'una maternitat menys aclaparadora pel que fa a la demanda de dedicació.

Aquests suggeriments tenen en comú la necessitat de fer prevaler sempre la igualtat entre la condició d'home i de dona i el respecte de les diferències que, més que elements distorsionadors de la relació, s'haurien de veure com a potenciadors dels al·licients que pot tenir una parella lliure, llibertat que neix de la igualtat i es concreta en les diferències de què parlarem tot seguit.

El sentiment d'enamorament que neix del coneixement interpersonal produeix un trasbals emocional fruit d'una trobada que, arrelada en les diferències —gràcies a aquestes neixen les passions—, permet el desig d'estar amb l'altre, de necessitar la seva presència i de procurar una transcendència temporal —formulació de compromís continuat—. Tot aquest torrent d'emocions passa quan l'home i la dona encara no es coneixen a fons, quan encara no han iniciat el procés de reconeixement de l'altre i el de reconèixer-se en l'altre. Això s'esdevé en la mesura que, fins aquest moment, només han entrat en joc les diferències perifèriques entre l'un i l'altra. L'exploració en profunditat i en un pla d'igualtat, de l'home per la dona i de la dona per l'home, pot permetre una trobada emocional capaç de transcendir el primer nivell de les diferències —el nivell perifèric exclusivament físic.

Intentaré analitzar, en el proper apartat, com les diferències entre l'home i la dona, un cop guanyada la igualtat, permeten la subtilesa del reconeixement més aprofundit, la relació que neix no solament d'una atracció inicial, necessària com a motor impulsor de l'energia amorosa, sinó la relació possible entre dues maneres diferenciades i autònomes de ser. Per diferents, s'atreuen i s'enriqueixen; per autònomes, no es necessiten i, per tant, són lliures d'engrescar-se en una relació o no.

El repte afectiu se situa en la capacitat de passar del sentiment d'enamorament enfollit i passional a un de més racional en el qual, a més de perpetuar el desig, interessi l'aprofundiment en la persona de l'altre. Sense renunciar a la força dels primers moments del coneixement, de la mateixa manera que el reconeixement d'una persona pot durar tota la vida, l'estimació gratificant també. Ens enamorem quan coneixem l'altre i l'estimem en el procés, més o menys llarg, del reconeixement. La coneixença sol ser temporal i extingir-se o donar pas a la reconeixença que pot allargar-se tot el temps que es mantingui l'interès per l'altre. En el primer fenomen hi intervé exclusivament l'emotivitat, hi dominen els sentiments; en el segon hi participa la raó, la voluntat, sense que això signifiqui l'absència d'emoció o, fins i tot, de passió.

IGUALTATS I DIFERÈNCIES

Fa uns quatre anys vaig conèixer la família M. F. amb motiu de les greus tensions existents en el matrimoni format per la Rosa i en Miquel, tensions que els conduïren, al cap d'uns mesos d'intentar un acostament de manera infructuosa, a un trencament de la relació matrimonial que havia durat més de trenta anys.

La Rosa va presentar-se a la meva consulta molt afectada pel que en deia «el desamor del meu home». Trista i desesperançada, em va explicar el que havia estat la seva vida matrimonial. Segons sembla, s'havia casat il·lusionada i durant els primers anys de la seva vida familiar tot va transcórrer com ella esperava. Va tenir quatre fills en un període de set anys. En Miquel es dedicava a la seva empresa i ella atenia la llar amb cura i, segons ella mateixa va manifestar, amb goig i satisfacció. «No em vaig adonar que no significava gran cosa per al meu marit fins que portàvem més de deu anys casats.» Segurament, en trobar-se alliberada de l'atenció als fills, un cop van estar tots ells escolaritzats, va constatar que el seu marit i ella tenien poca cosa a dir-se, poca cosa en comú. De fet, un nombre considerable de dones que han centrat la seva activitat i atenció a la cura de la llar pateixen una crisi quan la dedicació als fills perd intensitat i, sobretot, ocupa menys temps. Sovint es produeix una desviació d'interessos: el marit centra tota la seva energia i dedicació a la feina i l'esposa als fills. Els esdeveniments que ocupen aquest interval són de prou intensitat. La feina representa un repte per a l'home i l'atenció als fills omple el temps i l'interès de la dona. Tot plegat els porta a acostumar-se a viure dos mons diferents i dues realitats distants, la qual cosa els distancia també a ells.

La Rosa explicava com el seu marit sortia cada matí abans de les vuit i no tornava fins passades les nou del vespre. Això quan la feina no el feia viatjar, llavors podia passar-se més de quinze dies fora de casa. «Al començament trucava des de la feina, a poc a poc va deixar de fer-ho i ara em té dit que no el truqui si no és per una cosa urgent.» És possible entendre que les trucades per parlar de temes domèstics molestin en Miquel quan aquest està treballant, i també és comprensible que la Rosa tingui necessitat de comunicar-se amb ell: no fer-ho equivaldria a admetre la distància afectiva que hi ha entre ells dos.

Ja en la primera entrevista van quedar clares dues coses: la Rosa estava passant una crisi personal considerable, que s'autodiagnosticava de depressió; i de la seva malaltia, en donava la culpa a la convivència amb el marit. Plorant i sanglotant, no parava d'esmentar els greuges que li feia en Miquel: els caps de setmana se'ls passava dormint, menys l'estona que mirava futbol a la tele; només es mostrava simpàtic i cordial si estaven amb amics o en situacions de reunió social; també amb els fills procurava mostrar-se afectuós. «A mi em menysprea, doctor, i això és molt dur per a una dona.» El seu to era de queixa incontinent i alhora, en respondre a la meva pregunta, em deia que estimava el marit. Pel que feia a la seva vida íntima, em va confessar que feia més de cinc anys que no tenien relacions sexuals i que els cinc anys anteriors en tenien molt esporàdicament.

En Miquel tenia cinquanta-nou anys i la Rosa dos menys; s'havien casat quan ell en tenia vint-i-quatre i ella vint-i-dos. Feia trenta-cinc anys que havien format una família feliç en aparença. En Miquel se'n sortia força bé portant una indústria que havia iniciat a partir d'un taller industrial heretat del seu pare (havia mort quan ell tenia vint anys). La Rosa era la tradicional mestressa de casa que semblava ser molt feliç en tant que no li mancava res; si més no, res materialment necessari.

En un primer moment vaig intentar controlar les crítiques de la Rosa envers el seu marit. Vam comentar la possibilitat que la feina l'estressés de tal manera que no li quedés espai per a les manifestacions afectives. Vaig intentar de fer-li veure que ella havia dedicat molta atenció als fills i no havia acostumat el marit a implicar-se afectivament en la vida familiar i de parella. Vam parlar de les diferències que hi ha a l'hora de valorar les coses entre els homes i les dones. Res no semblava commoure la Rosa. Havia vingut a veure'm amb la pretensió que jo m'entrevistés amb en Miquel i li fes veure que ella tenia raó amb les seves reivindicacions afectives i que, si no hi havia un canvi radical en la seva relació, ella s'hauria de separar. Havia deixat entreveure la possibilitat de trencar el matrimoni en altres moments de la seva exposició, però no tan contundentment com feia ara. Més que un desig semblava una amenaça; en realitat, volia un canvi en el comportament del marit.

Com ens passa sovint als professionals dedicats a atendre qüestions derivades del patiment psíquic, em trobava davant un dels casos en què la persona que ve a veure't et formula una proposta utòpica que neix de pensar que la nostra feina ens confereix un poder de convicció especial: «Vostè al meu marit li farà veure la situació.» Darrere aquesta afirmació hi ha una demanda, gairebé imperativa i molt concreta: canviï la manera de ser del meu marit.

Com era d'esperar, vaig acabar citant a la meva consulta en Miquel. (En situacions com la descrita, hi ha marits que es neguen a ser entrevistats. Això incrementa la tensió de la parella, perquè se sol considerar que el desinterès per l'entrevista és una mostra més de menyspreu i rebuig de l'altre, fet que no hauria de ser valorat d'aquesta manera.) En Miquel, però, es va mostrar col·laborador des d'un primer moment alhora que deixava clars els seus límits: «Miri, la meva dona voldria que fos com quan érem joves i a mi no em surt de dins ni crec que em pugui sortir ja mai.» Va explicar-me que, per a ell, la vida matrimonial havia anat sempre força bé. Admetia que dedicava moltes hores a la feina, però ho argumentava amb contundència: «Si no ho hagués fet, ara no tindria empresa. No me'n penedeixo d'haver-ho fet.» Segons ell, a la Rosa no li havia faltat mai res, «jo no em poso mai en res si no me n'ocupo directament; la casa i l'educació dels fills han estat cosa d'ella, ho ha fet com ha volgut i ho ha fet molt bé, és una mare excel·lent».

A l'hora de parlar de l'afectivitat entre ell i la Rosa, va mostrar-se molt explícit: «Tot anava bé fins que ella va fer un curs de psicologia a no sé quin centre.» Mostrava una franca hostilitat envers el canvi efectuat. Segons l'apreciació d'en Miquel, per a la seva dona havia estat molt contraproduent fer l'esmentat curs, ja que creia que, arran d'adquirir certs coneixements, «va començar a dir que no dialogàvem prou, que no ens comunicàvem i que ens calia replantejar la nostra relació... Li asseguro que llavors va començar el conflicte». Segons m'explicà en Miquel, la demanda afectiva de la Rosa va coincidir amb uns moments de reestructuració de la seva empresa; havia comprat maquinària nova i estava reduint personal, «ja sap el que això suposa, oi? I ella cada vespre volia que parléssim de la nostra relació». Al començament ell la deixava dir, creient que seria una dèria que li passaria; però aviat va adonar-se que era una reivindicació que seria permanent i va acostumar-se a viure amb la queixa de la seva esposa: «Per a ella, el seu enemic era la meva feina i, en canvi, per a mi era el màxim motiu de satisfacció.» Segurament, amb el seu comportament tan crític, el que va aconseguir la Rosa va ser que ell es dediqués a treballar amb més intensitat i que la relació amb ella se li fes gradualment més feixuga en la mesura que a ningú li agrada ser criticat sistemàticament. En Miquel tenia dues realitats: en una tot anava bé, era l'amo, segurament se sentia valorat pels seus col·laboradors i realitzat veient com progressava; en l'altra se'l criticava, no s'acceptava el que feia i no se li toleraven les seves actituds. Té la seva explicació que, de mica en mica, es trobés millor a la feina que a casa, la qual cosa no vol dir que l'encertés en recloure's en l'activitat professional.

Vaig mantenir unes entrevistes amb en Miquel per tal de manifestar-li la necessitat afectiva de la seva esposa i, també, per fer-li veure que una dedicació exclusiva a la feina deshumanitza i limita el camp de gratificacions que ens són possibles a les persones. Ell admetia els meus arguments, no semblava que la seva actitud fos com la d'altres homes amb qui he tingut oportunitat d'enraonar, els quals tenen la creença que el terreny afectiu és un espai inútil on tan sols hi troben satisfaccions les dones. En Miquel estava d'acord amb el que li deia, «cregui'm, moltes vegades he sortit del despatx decidit a arribar a casa i mostrar-me afectuós amb la Rosa; però, en arribar a casa, és com si es trenqués el desig, no em surt...». Ho exposava sincerament, no semblava que volgués exculpar-se; es limitava a explicar el que sentia i el que li passava davant de la seva esposa.

En parlar de les relacions sexuals, va admetre que feia molt de temps que no en tenien: «Això no es pot fer per força. Si ella m'ho exigeix, a mi se me'n van les ganes.» En preguntar-li si, amb el pas dels anys i l'envelliment, la seva esposa havia deixat de ser atractiva per a ell, va respondre que no: «És clar que no és com quan tenia trenta anys, però la meva dona fa goig.» Va assegurar-me que era la pressió a què se sentia sotmès que limitava les seves ganes d'acostar-se afectivament a ella. Insistia a dir: «Això no es fa per força.»

Inevitablement vam haver de parlar de l'amenaça de separació que formulava la seva esposa. Ell demostrava que no s'ho acabava de creure: «No la veig capaç de separar-se, tot ho hem fet sempre junts... Segur que ho diu per forçar un canvi en el meu comportament i jo no sé com fer-ho.» Va assegurar-me que ell no volia separar-se i que, arribat el cas que ella li demanés la separació, faria tots els possibles per frenar-la. Són molts els marits que no es creuen les amenaces de trencament de les seves parelles, els sembla que elles no són capaces de viure sense la seva protecció. També són molts els que creuen que, si la dona vol separar-se, ells tenen el control de la situació; els sembla que n'hi ha prou de tenir el domini econòmic de la família per poder evitar que el seu matrimoni es trenqui. En Miquel no era radical en aquest aspecte, però no li passava pel cap que la Rosa pogués arribar a l'extrem de separar-se. Tot indicava que ell veia les queixes de la seva esposa com una crisi personal deguda al fet que els fills ja eren grans i s'havien emancipat.

Vaig preguntar a en Miquel fins a quin punt els fills estaven assabentats de la situació que ells patien. Va contestar-me que no sabia si ella ho havia explicat a algun d'ells; «jo ho he comentat a la meva filla Marta, que treballa amb mi, i em va dir que no li donés importància, que la mare era una exagerada i que les dones que no treballen s'obsessionen amb els problemes afectius». Tot indicava que en Miquel i la seva filla Marta mantenien una relació molt bona i una estreta complicitat, que no s'havien trencat quan ella va casar-se i el va fer avi tres anys enrere.

La Rosa i en Miquel tenien, com he dit abans, quatre fills: el Miquel, la Marta, la Rosina i la Cristina.

Pel que em van explicar l'un i l'altra, en Miquel els va ocasionar molts problemes. No era un bon estudiant i, pel fet de ser un noi, com passa a moltes cases, tenien molt interès que fes una carrera universitària. No se'n van sortir. Quan feia els estudis primaris ja va demostrar molt poc entusiasme per tot allò relacionat amb les lletres i, en canvi, en tenia molt per tota mena d'esports, fins al punt que va arribar a ser un esportista reconegut en la seva especialitat.

Els èxits esportius van alleugerir el refús familiar, però mai no va ser gaire ben acceptat pels seus pares. En casar-se i muntar un negoci relacionat amb l'esport de què havia arribat a ser campió, va allunyar-se dels seus i va acostar-se a la família de la seva esposa. Ara mantenien una relació cordialment distant, però només es veien en dates assenyalades, de manera que no ha pogut notar les tensions existents entre els seus pares.

Com ja he esmentat, la Marta mantenia una relació estreta amb el seu pare, havia estudiat econòmiques i s'havia posat a treballar a l'empresa del pare. Era una dona d'empenta, decidida i de les que pensa que cal demostrar a la feina la vàlua personal per tal de fer-se respectar. «Ella no ha volgut mai que la tractin com la filla de l'amo.» Com ja havia explicat el pare, sintonitzava amb els valors paterns i es mostrava orgullosa dels èxits professionals del pare, els quals, a més, ara li permetien gaudir d'una feina que li agradava i on podia desenvolupar-se personalment. El seu matrimoni amb un enginyer semblava funcionar força bé. Els paràmetres de la seva convivència eren, però, del tot diferents dels dels seus pares, i el seu marit participava activament en les atencions al fill, fet que permetia que ella dediqués moltes hores a la feina, complaent, d'aquesta manera, el seu pare.

La Rosina va estudiar medicina, de jove havia posat de manifest aquesta preferència; ho va fer amb dedicació i uns bons resultats acadèmics. A les acaballes de la seva carrera va trencar una relació afectiva que havia durat prop de tres anys, la qual cosa la va trasbalsar bastant i va fer que els resultats en la prova del MIR no fossin tan bons com era d'esperar. El cas és que no va poder optar a les especialitats que desitjava. Una cosa i l'altra van provocar que s'apuntés a l'associació Metges sense Fronteres i que actualment treballés al Tercer Món. Es trobava, doncs, força apartada de la família, malgrat mantenir correspondència freqüent, sobretot amb la mare. La «fugida» de la Rosina va afectar molt la Rosa; probablement de tots els fills era amb qui sintonitzava millor i amb qui mantenia una relació més directa i confidencial; ara només els quedava el recurs d'escriure's. La Rosa admetia que era en les cartes a la Rosina on podia expressar amb més llibertat els seus sentiments, però es queixava que les seves respostes fossin una mica fredes: «No deu gosar posar-se obertament en contra del seu pare.» Segurament la Rosina trobava exagerades les queixes de la seva mare, o bé la distància i els problemes que ella vivia de prop li feien desdramatitzar els que ella li exposava.

La Cristina feia de mestra i treballava en una escola pública. Era casada amb un biòleg que, molt a contracor, es guanyava la vida donant classe en un institut. La Cristina sempre havia viscut molt apartada de la família. Era la filla petita i tenia clar que si ella no posava distàncies l'aclapararien massa. El pare havia intentat que estudiés ciències empresarials per posar-la a treballar a l'empresa, com la seva germana Marta. Ella s'hi va negar i amb aquesta actitud va iniciar un desarrelament que li permetia viure de manera independent, però no es devinculava del tot de la família. Escoltava la seva mare quan aquesta li explicava el desengany que li causava la conducta del pare i procurava amorosir les situacions per tal de treure ferro al conflicte. En el fons pensava que la seva mare exagerava.

Vaig tenir l'ocasió de parlar amb la Marta, la Cristina i els seus respectius marits, quan les tensions entre en Miquel i la Rosa van esclatar aparatosament en una reunió familiar: la seva mare els va recriminar que ningú no s'interessés per la seva depressió i va dir que, encara que ningú no ho volgués entendre, no podia més i estava disposada a separar-se. Els altres dos fills no els he coneguts personalment.

La Marta i en Santi formaven una parella ben compenetrada fins que va esclatar la crisi dels pares d'ella. La Marta es va sentir molt afectada pel trencament familiar i la seva solidaritat amb el pare la feia ser crítica amb la seva mare. En Santi, en canvi, es mostrava comprensiu amb la Rosa; a la Marta li deia: «Tu no hauries aguantat pas un marit com el teu pare.» En Santi treballava en una empresa financera, tenia un horari força estable i les exigències laborals es limitaven a complir la seva feina, sense més implicació personal que el neguit de fer-ho al millor possible. El fet de tenir un horari concret li deixava temps suficient per recollir el seu fill al parvulari i donar-li el sopar si la Marta tornava tard de la feina. No tan sols es cuidava del fill, sinó que s'encarregava de molts aspectes domèstics que, en altres llars, són domini de les dones. Ho feia convençut que això era el que havia de fer i, pel que sembla, mai no ho retreia ni ho recriminava. Era crític amb la dedicació i l'entusiasme amb què la Marta vivia la feina i la relació aclaparadora que tenia amb el seu pare: «Només sap parlar de la feina...» Segur que aquest era el motiu que li feia entendre la desesperació de la Rosa i es mostrava comprensiu envers la seva decisió de posar en crisi la convivència amb en Miquel en no sentir-se estimada per ell.

La Marta i en Santi van fer tots els possibles per evitar que la Rosa tirés endavant la decisió de trencar la relació amb en Miquel. Com veurem més endavant, els seus esforços, en un principi, no van reeixir.

La Cristina i en Gerard tenien una actitud més distant pel que feia a la situació dels seus pares. La Cristina, des del conflicte que va tenir amb el seu pare quan aquest volia que fes empresarials, no mantenia una relació gaire bona amb ell ni tampoc compartia la seva escala de valors; en canvi, en Gerard li havia dit, més d'una vegada, que envejava el seu pare perquè tenia una feina que li agradava. En Gerard era d'aquells que queden atrapats en el cercle viciós d'estar descontents amb la seva feina però que, al mateix temps, no tenen el tremp necessari per cercar-ne una altra. Tant la Cristina com en

Gerard treballaven sense entusiasme en la feina que els havia tocat i vivien precàriament resignats a la seva sort. Quan va esclatar la crisi dels seus pares esperaven el primer fill i vivien amb molt més interès aquest fet que els neguits de la família. Segurament, si en Santi i la Marta no haguessin pres la iniciativa de venir a veure'm, ells no ho haurien fet. Pel que sé, es van mantenir al marge de les tensions i van procurar escapolir-se dels conflictes entre en Miquel i la Rosa tant com els va ser possible.

Finalment en Miquel va accedir a separar-se de la Rosa. Va instal·lar-se en un apartament molt proper al despatx i compartia tot el temps que podia amb la Marta i en Santi. La Rosa va quedar-se a viure a la llar familiar, va dedicar molt de temps a cuidar-se del fill de la Cristina i va reprendre la relació amb el seu fill Miquel, la seva esposa i els seus dos fills. Durant més de tres anys no vaig saber res més de tots ells.

Fa uns mesos va venir a la consulta en Miquel. Físicament desmillorat, va explicar-me que havia patit un infart de miocardi de considerable gravetat. Aquest fet havia provocat que ell i la Rosa tornessin a conviure plegats: «Va venir a veurem'm a l'UVI, després a l'habitació de l'hospital i, quan em van donar l'alta, no va voler que estigués sol o que em cuidés cap dels meus fills.» La Rosa havia recuperat en Miquel, el qual, malalt i a la ratlla dels seixanta-cinc anys, havia renunciat a portar l'empresa i havia donat pas a la Marta perquè s'encarregués de tot.

En Miquel mostrava signes de depressió. Enyorava la feina i, malgrat estar agraït a la Rosa pel seu comportament, assegurava que les seves exigències encara l'aclaparaven. Al llarg de la conversa vaig adonar-me que no era la Rosa el motiu del seu estat; era ell, que no es podia adaptar a la vida de jubilat. Segons ell mateix explicava, la seva esposa havia reduït bastant les seves exigències, es mostrava comprensiva amb els seus silencis, no insistia en les demandes sexuals, potser perquè després de l'infart havien tornat a tenir-ne després de molts anys en què aquestes eren excepcionals. Segurament la Rosa s'havia adonat que algunes de les seves exigències, malgrat estar justificades en les seves necessitats, no podien ser ateses per un home que tenia unes motivacions molt diferents de les seves. La malaltia, el pas del temps i la vivència de la solitud li havien donat l'oportunitat de reflexionar i adonar-se que hi havia motius per mantenir la convivència, encara que només fos per cuidar la persona amb qui havia compartit més de la meitat de la seva vida. Ara li tocava a en Miquel descobrir que a la vida hi ha coses més importants que la feina.

En Miquel va necessitar ajuda per tal de recuperar l'ànim que li havia quedat malmès després del canvi que havia experimentat la seva vida. Va millorar de manera progressiva, la qual cosa li va permetre interessar-se per altres aspectes no lligats a la feina, intentar millorar la comunicació afectiva amb la seva esposa i gaudir dels seus néts. Malgrat tot, va ser necessari fer-li la concessió de poder anar al despatx unes hores al dia per assessorar la Marta. Afortunadament, la seva filla, demostrant el gran afecte que sempre li havia tingut, va accedir a deixar-se ajudar pel seu pare i donar-li a aquest el protagonisme que reclamava. Si bé ella va continuar assumint les responsabilitats, es tractava d'aconseguir que en Miquel se sentís útil i pogués distreure's en seguir de prop els esdeveniments que passaven a l'empresa que havia posat en funcionament.

Amb una certa precarietat, la crisi entre la Rosa i en Miquel semblava estar resolta. La resta de la família estaven contents de com s'havien anat desenvolupant els fets. El fill gran, en Miquel, estava més a prop de la seva família. La Marta i en Santi continuaven vivint bé; ella mantenia la bona relació amb el pare malgrat alguns lleus conflictes a l'hora de prendre algunes decisions a la feina. La Rosina s'havia aparellat, però continuava vivint lluny i fora del marc familiar; encara mantenia correspondència confidencial amb la seva mare; «és com el seu confessor», deia en Miquel, potser una mica engelosit, sabent que les missives de la Rosa tenien com a finalitat descarregar la tensió que li acumulava la convivència amb ell. La Cristina i en Gerard havien tigut un altre fill, fet que donava una mica més de feina a la Rosa i satisfeia en Miquel, perquè sabia que com més atrafegada anava la seva dona més traquil el deixava.

El relat que protagonitzen en Miquel i la Rosa no té cap element especialment singular. Hi ha un nombre considerable de parelles que entren en crisi quan un dels dos perd el sentit que havia donat a la seva vida. Primer va ser la Rosa: quan es va veure sense fills a qui cuidar, va pretendre que en Miquel li suplís les mancances afectives que tenia. Després va ser en Miquel: no podia adaptar-se a viure sense sentir-se necessari i productiu. L'un i l'altra, però, patien i pateixen el fet de no haver-se plantejat les seves respectives necessitats afectives. Els seus fills, com hem vist, han agafat patrons dels seus progenitors, enriquits i personalitzats per la seva pròpia experiència i la influència d'uns temps en què la dona ja no té un paper tan diferenciat del de l'home.

Si la Rosa i en Miquel responen a patrons considerats, fins no fa gaire, com a típicament masculins i femenins, els fills ens aporten postures i actituds que permeten albirar un futur en què, com hem vist fins ara, els homes i les dones viuran la seva experiència personal com el resultat de les inquietuds personals més que no pas com un designi lligat al gènere. Homes i dones adopten actituds i comportaments vinculats a les situacions que han de viure o que han viscut ancestralment com a pròpies de la seva condició. Sóc dels convençuts que hi ha molts més punts d'igualtat que de diferència; però amb diferències, afortunadament.

El designi bíblic que, en foragitar-los del paradís, condemnava els homes a «treballar amb la suor del teu cos» i les dones a «parir amb dolor» respon, al meu entendre, a una distribució de funcions que eren necessàries per garantir la supervivència i no a les condicions personals de l'un i de l'altra. L'afirmació bíblica es va transcriure quan els éssers humans havien instituït formes de vida procedents d'una distribució de tasques que estaven allunyades, com veurem, dels comportaments més primitius. La cultura dictada pels homes va donar caràcter diví a les sentències que ens foragitaven del paradís.

Des d'una perspectiva estrictament biològica, l'única diferència incontestable és la que es correspon amb la capacitat d'engendrar que té la dona, la qual, per poder realitzar-la, necessita de la col·laboració de l'home. La resta de les funcions i capacitats humanes no està gens clar que siguin exclusivitat de l'un o de l'altra, ni que els homes o les dones hi tinguin més predisposició o facilitat. Els condicionants socials i els aprenentatges transmesos de pares a fills i de mares a filles han donat dimensió a allò que anomenem masculí o femení. Aquest fet no contradiu, com veurem més endavant, diferències en aspectes biològics, maduratius o psicològics entre el homes i les dones, diferències que, en tot cas, són de caràcter secundari i que només hauria de ser lícit esmentar després d'afirmar de manera contundent la igualtat entre els uns i les altres.

Les dones han patit segles de marginació, sustentada en la suposada superioritat dels homes. Han patit prou segles per no ser estrictes a l'hora de valorar la significació de les diferències. Tampoc no tindria sentit cercar suposades superioritats en la dona per invertir el signe de la superioritat i del domini. Interessa deixar ben clar que només podem valorar les diferències; després veurem com en són de subtils, si admetem d'antuvi la igualtat.

Les diferències entre els homes i les dones s'han volgut explicar basant-se en el desenvolupament humà i en la seva necessitat de sobreviure. La dedicació de la dona a parir i de l'home a proveir han semblat arguments prou sòlids per apartar la dona del treball fora de la tutela de l'home —marit o pare— i, per què no dir-ho?, per apartar l'home del món afectiu. Per a alguns, l'explicació dels papers dels uns i les altres es pot fer observant la vida primitiva. No és cert. Cercant comportaments primitius que ens parlin de diferències ancestrals entre un gènere i l'altre, ens podem acostar a la vida que porten els pigmeus africans, segurament, amb els indígenes australians i alguns indígenes de la Melanèsia, una de les formes de supervivència menys modificada al llarg de mil·lennis. L'adaptació al clima els ha mantingut en una estatura semblant a la dels éssers humans de l'Edat Mitjana, la seva alçada coincideix amb la de les armadures que s'han trobat d'aquella època. Una dada significativa és que no hi ha una diferència important entre l'estatura i la corpulència de l'home i la dona pigmeus. L'antropòleg escocès Colin Tunbull, que ha estudiat a fons la vida pigmea, ens diu en un dels seus escrits: «No els agrada la violència; però, quan estan en desacord, discuteixen sorollosament i fins i tot es peguen. Aquest fet té lloc entre home i dona, que són, si fa o no fa, igual de forts.» Referint-se a les relacions de domini escriu: «No necessiten de jerarquies ni pràcticament lleis, els homes i les dones són iguals i les activitats es distribueixen segons la disponibilitat de cada moment. Només la dona embarassada, quan està a punt de parir, deixa de participar en la caça, principal font d'aliment dels pigmeus. Cal dir, però, que, habitualment, els cops de llança definitius per rematar les seves preses els donen els homes.» Endinsant-nos en el tipus de comportament dels pigmeus no podem apreciar diferències considerables en els rols masculí i femení. Home i dona participen de les discussions que afecten la tribu, es distribueixen les tasques de manera racional i sense especialitzacions del tot definides. D'altres científics, com el genetista italià Luca Cavalli-Sforza, que ha dedicat una part important de la seva vida a l'estudi genètic dels pigmeus, també destaquen la racionalitat de les distribucions funcionals de les tasques i la igualtat participativa dels homes i les dones en la vida pigmea més primitiva, quan vivien de manera nòmada i es dedicaven fonamentalment a la caça. Per a l'autor italià, la situació canvia quan els pigmeus comencen a conrear algunes terres i combinen la caça amb l'agricultura: «De tota manera, als pigmeus l'agricultura no els agrada. S'hi han de sotmetre només quan la selva es destrueix. Obligats a canviar d'estil de vida, a part d'agricultors, alguns han esdevingut terrissaires i d'altres pescadors. Sobreviuen com poden, però mentre els és possible són caçadors. Quan han de sucumbir, a les dones pigmees els toca potser la feina més monòtona, la de treballar la terra, però també semblen contentes de la seva vida.» Veiem, doncs, que és el canvi de vida —allò que podríem equiparar amb el progrés—, el que modifica l'estatus femení. El mateix autor ens parla de la diferent consideració que té la dona entre els pigmeus primitius i en les poblacions d'agricultors africans que conviuen amb ells: «Les dones dels agricultors s'ocupen de la part més dura de la feina als camps, estan sotmeses als homes, treballen més que les pigmees i estan menys considerades.»

Bronislaw Malinoswski ha escrit un dels estudis més reeixits que s'han fet fins ara sobre la vida sexual i afectiva dels éssers primitius. El capítol V del seu llibre *La vida sexual dels salvatges* comença amb aquesta frase: «A les illes Trobriand, marit i muller viuen en comunió íntima, treballen en companyia, comparteixen les tasques domèstiques i es dediquen l'un a l'altra una bona part del temps d'oci. Hi ha gairebé sempre, entre ells, excel·lent harmonia i estima mútua. Per estudiar les relacions entre els dos sexes, vaig visitar una llar indígena i el que hi vaig veure confirma plenament l'apreciació que acabo de fer.» Si bé és cert que en alguns dels seus costums, com ara la possibilitat de la poligàmia per part dels més poderosos, es pot palesar una situació de privilegi per part dels homes, també ens explica que en algunes zones rurals, mentre dura el temps de treure les males herbes dels camps, les dones tenen el costum de violar els homes forasters que passen per allà. És possible constatar, en la vida salvatge, comportaments més igualitaris entre els homes i les dones, encara que primitius en la formulació dels seus costums i hàbits.

Pel que fa a la vida afectiva, Malinoswski destaca la capacitat d'optar lliurement a l'elecció de parella, tant per part dels homes com per part de les dones. El comportament sexual dels trobriandesos és lliure. Abans d'establir els compromisos matrimonials, es deixen portar per l'atracció física i, si aquesta és continuada per una entesa afectiva, llavors es formula la demanda de matrimoni. «La gent jove desitja casar-se, tot i mantenir una relació sexualment estable; aspiren a unir-se en matrimoni, tant per assolir un nivell de consideració social més elevat com per tenir fills legítims.» En referir-se a la dona escriu: «La dona, que no té cap raó econòmica per casar-se, sinó que en fer-ho guanya menys que l'home en comoditat i consideració social, es casa principalment per l'afecte que sent per l'home i per tenir fills.» Cal destacar que els fills pertanyen a la dona; quan la mare falta, són els germans de la mare els tutors dels fills, abans que el pare. La maternitat és un privilegi de la dona i se li respecta. Veiem, doncs, que hi ha aspectes de la vida, d'aparença menys desenvolupada, on es posen de manifest que molts prejudicis que ha sofert la dona al llarg del temps provenen molt més de les progressives imposicions culturals fetes per l'home que no pas dels comportaments inicials dels uns i les altres per conservar l'espècie, com han volgut presentar alguns.

Veurem més endavant que, a l'hora de parlar d'igualtats i de diferències, té una gran importància la utilització del llenguatge i de la posició inicial de qui formula els plantejaments. Cal adonar-se que, en els estudis fets sobre el comportament dels pigmeus, com en l'estudi sobre els habitants de la Melanèsia, els respectius investigadors mostren la seva sorpresa per la felicitat de la dona, la qual cosa ens fa pensar que esperaven trobar-la en una situació molt més precària. Sigui com sigui, les seves apreciacions continuen sent vàlides pel que fa al testimoniatge que no hi ha, en els comportaments més antics dels éssers humans, una diferenciació abassegadorament favorable a l'home. Ha estat al llarg de l'evolució cultural que s'han diferenciat, marginant la dona al paper exclusiu de ser mare.

La constatació de com, en una forma de vida absolutament primitiva, es pot parlar d'una considerable igualtat, fins i tot pel que fa a l'exercici de la força física, ens fa pensar que moltes diferències que s'aprecien en els comportaments dels homes i les dones han estat adquirits per l'aprenentatge i pels costums al llarg dels temps. La referència a un tipus de vida primitiva no ens ha de fer oblidar que és en el Tercer Món on es donen les situacions més greus de marginació de la dona, tal com esmentava en apartats anteriors. Tot indica que els pigmeus i els trobriandesos, pel seu primitivisme, no han creat formes d'explotació d'un gènere sobre l'altre.

A l'hora de contraposar les diferències i la igualtat ens caldrà trobar l'espai de les unes i de l'altra. Les diferències que volem potenciar potser tinguin un caràcter més individualitzat que no pas vinculat al gènere a què pertanyen, i la igualtat potser cal guanyar-la en el terreny de la consideració humana i en l'enriquiment dels uns i les altres. La igualtat ens descobreix les potencialitats que l'abusiva diferenciació ha mantingut esmorteïdes.

Amb una ullada al comportament de la vida primitiva ens adonem de la feblesa argumental dels qui han pretès assegurar la diferència com una condició innata, sense que això impliqui que no sigui imprescindible admetre que existeixen diversitats lligades directament al gènere: la primera i fonamental es concreta en la capacitat de la dona per a la maternitat, a què ja m'he referit en l'apartat anterior. A aquest paper, he volgut incorporar-hi l'home sense restar gens de protagonisme a la dona, per tal de poder enriquir la seva capacitat per sentir i mostrar la tendresa i, alhora alleugerir la dedicació i l'esforç que implica per a la dona i enriquir la seva complicitat afectiva. La maternitat ha estat, però, el punt d'inici dels pontificadors de les diferències marginadores de la dona, presentant-la com l'única funció raonable per a la dona, quan, en realitat, es tracta de l'única que és inassolible per a l'home, mentre que les que tradicionalment s'han considerat pròpies de l'home són, com ens demostra la realitat quotidiana, accessibles a la dona.

En l'obra de Giulia Paola Di Nicola, *Reciprocitat home/dona*, es posen de manifest els que ella anomena «perills de la igualtat» i els «perills de la diferència». La consecució de la igualtat de drets i la unificació del gènere en la persona podria fer-nos perdre la diversitat, fonament de la vida humana, com diu Margaret Mead en el seu llibre *Home i dona*: «Les diferències entre els dos sexes constitueixen un valor preciós, un recurs de la naturalesa humana que han potenciat totes les societats, però que ningú no ha explotat del tot.» Mead es lamenta que, fins no fa gaire temps, les diferències hagin estat, només, el pretext per marginar la dona i no el mecanisme que hagués permès un aprofundiment en el coneixement de les naturaleses masculina i femenina per tal d'enriquir la relació que s'estableix entre elles.

També s'ha caigut en un reduccionisme quan s'ha plantejat la dualitat com la limitació o manca de totalitat, com si l'home no fos res sense la dona i la dona no fos res sense l'home. Això, que només es justifica en la fecundació, no té cap sentit a l'hora de parlar de l'un i de l'altra com a éssers incapacitats per exercir de manera autònoma sense la presència i la relació amb l'altre. Un plantejament basat en la supervivència pot conduir a limitar l'una i l'altre a éssers procreadors que necessiten unir-se per ser «complets». El raonament de les dues polaritats, masculina i femenina, interpretat com la necessitat d'un equilibri humà, no té cap fonament. Ella i ell són éssers autònoms i suficients que unint-se tenen la possibilitat de conrear l'afectivitat i, amb ella, la procreació; però ni l'un ni l'altra no tenen aquesta com a única funció ni com a única característica fonamental.

Basar-se en la diferència per tal de cercar la necessitat mútua atempta contra l'autonomia de l'un i de l'altra; però ignorar la igualtat, en tant que humans, a més de ser del tot injust, porta a plantejaments que distancien tant que dificulten la trobada, limitació que patiríem tant els homes com les dones. N'hi ha que han pretès postular una essència femenina radicalment diferenciada de la masculina. La italiana R. Braidotti postula una manera de ser —*cogito*— femenina. Escriu: «Nosaltres, com a moviment polític, social, teòric, col·lectiu i personal, tenim el deure de fundar un "cogito" femení. Nosaltres hem de poder dir: jo, dona, penso en tant que dona i per això sóc.» La dona que s'ha vist condemnada a viure del nodriment cultural que li ha permès l'home, té dret a exigir una «manera pròpia» de pensar; però admetre que hi ha una manera femenina de pensar significaria tornar a l'abisme diferencial, potser ara menys marginador però igualment limitador de la vivència de la igualtat. En la primera onada del feminisme, la lluita es va centrar en la recerca de la igualtat, era imprescindible reivindicar la mateixa condició social per a homes i dones. Llavors van alçar-se veus que postulaven una igualtat radical, sense matisos diferencials. Era comprensible que es volguessin rebatre la gran quantitat de plantejaments teòrics que havien presentat la dona com un ésser diferent i, en tant que diferent, inferior. Calia, en un primer moment, defensar aferrissadamet la igualtat per tal de poder accedir a la condició d'ésser humà que li havia estat limitada fins aquell moment. Odette Thibault, des d'un posicionament genetista, va voler palesar la igualtat recorrent a arguments biològics: «Des dels primats, el determinisme hormonal és molt menys estricte, perquè les estructures nervioses conserven certa plasticitat en els estadis posteriors de l'ontogènesi. És evident que si el fenotip continua sent dependent de les hormones, el comportament ho és molt menys. L'estudi del concepte d'identitat sexual mostra que, en l'espècie humana, el sentiment que fa que l'infant pertanyi a un o altre sexe depèn menys del seu fenotip que de com és reconegut i educat per l'ambient. Els determinismes hormonals cedeixen el lloc als socioeducatius, que entren en joc a partir del naixement.» Aquesta teoria implicava reduir les diferències entre feminitat i masculinitat a elements purament ambientals o educatius. Aviat es va veure que, guanyada la igualtat de drets, si més no en el pla teòric, no es podia ignorar l'existència de trets diferencials.

Tant el recurs de recórrer a la vida primitiva per contestar als qui han volgut potenciar la diferència entre home i dona en els comportaments ancestrals, com la negació del paper diferenciador genètic, pot acceptar-se com una estratègia per potenciar la necessitat d'admetre la igualtat i deixar de costat tots els qui han postulat diferències substancials entre els uns i les altres. Cal tenir present que, fins a començament del segle XX, no s'ha tingut cap mena d'escrúpol a l'hora d'utilitzar la cultura, la filosofia, fins i tot la ciència, per assegurar que la dona era un ésser inferior a l'home.

L'afermament de la igualtat com a punt de partida d'un feminisme que reclamava senzillament justícia, va donar pas a l'admissió de les diferències com un fet irrefutable. Home i dona, iguals en tant que éssers humans, tenien trets diferencials propis de la seva condició. E. Mounier va iniciar la crítica de les teories que alimentaven l'enfrontament: «La major part dels errors i dels excessos prové del fet que convertiren il·legítimament els contraris en contradictoris.» D. de Rougemont, en el seu assaig *L'un et le divers*, escriu: «Tot serveix per nodrir la paradoxa que semblava erigir-se com a llei constitutiva de la nostra història i el resultat del nostre pensament: la antinòmia entre cadascú i la diversitat, cal descobrir la unitat en la diversitat i la coexistència fecunda dels contraris.» El plantejament serveix tant per a la dualitat home-dona com per a l'enfrontament de la persona a d'altres diferents d'ella. Fins i tot en Heràclit podem trobar una referència que ens pot aportar una visió d'una diferència i, fins i tot, d'una oposició que pot resultar enriquidora i unificadora: «Allò que s'oposa, coopera; de la lluita entre els contraris neix la més bella de les harmonies.»

Avui dia trobem homes astorats i desconcertats davant el canvi d'actituds i de comportaments de la dona. Com escriu D. de Rougemont a *L'esprit européen*: «En els seus models més purs, veiem l'home crucificat entre aquests dos contraris: la immanència i la transcedència, allò que és col·lectiu i allò que l'afecta de manera individual.» Una majoria d'homes entenen el procés i el celebren, accepten la teoria però, com li passava a en Pau, poden conviure amb la dona a la feina i els costa la repercussió a la llar. Una cosa és el coneixement de la realitat i una altra la reacció emocional davant d'aquesta. Sovint, davant el procés irreductible del nou paper de la dona a la societat i la demanda afectiva que formula a l'home, aquest queda en situació d'ensurt i es defensa encapsulant-se en si mateix, esperant que passi el temporal. La dona ha descobert que vol ser persona, encara que algunes ho formulin com un enfrontament i una exigència que fa difícil l'entesa, i espera només que l'home no constitueixi un obstacle i, si és capaç de fer-ho, comparteixi el seu camí.

Trobem, en l'esmentada G. P. Di Nicola, una

referència que assumeixo com a element que permet defensar la igualtat i aprofundir les diferències. En el darrer capítol del seu llibre ens proposa una potenciació del concepte de persona més enllà de les diferències entre home i dona: les admet com una circumstància enriquidora i, fins i tot, com una sortida del que ella considera una crisi d'identitat profunda de l'ésser humà actual. L'autora arriba a recórrer a Nietzsche quan aquest anunciava l'adveniment del nihilisme i la «catàstrofe de la cultura europea que es mou des de fa molt de temps en una tensió torturadora que creix de decenni en decenni, com si es preparés per a la seva eliminació». A parer de Di Nicola, «el fons de la desesperació i l'absència absoluta de referències són també l'anunci d'una possible superació de la crisi». Per a ella, la set de novetats que pateix l'individu del segle xx és un motiu d'esperança que situa la seva possible resolució en la capacitat dels homes i les dones de reeixir en la recerca d'una relació on es potenciïn les capacitats afectives i personals de l'un i de l'altra. Comparteixo el seu plantejament, tot i que comprenc que algú el pugui qualificar d'ingènuament optimista.

Heidegger considerava Nietzsche com el principi de la fi del nihilisme en tant que tocava fons, fet que considerava indispensable per a poder ressorgir; segons ell, era necessari trencar la continuïtat del pensament dels homes que havien transmès una cultura de generació en generació, una successió ideològica que esdevenia inútil per afrontar una crisi de valors i d'identitat. Després de l'exposició del nihilisme només podia succeir un trencament cultural. Extrapolant el plantejament, només amb la igualtat entre homes i dones pot aprofundir-se en les diferències i només des de les diferències és possible una igualtat que no es quedi en una mera declaració social o adquisició de drets que, si bé són completament indispensables quan no es tenen, esdevenen insuficients quan ja s'han aconseguit.

El gènere humà necessita la igualtat entre homes i dones, de la mateixa manera que un organisme necessita l'aigua per beure; però, un cop ha aconseguit l'aigua, li calen altres aliments per viure. Totes les societats han de mantenir viva la flama de la lluita per la igualtat, homes i dones n'hem de voler gaudir; però, al mateix temps, hem de veure les diferències com un fet que, lluny d'obstaculitzar la igualtat, pot enriquir-la. Per això no s'ha de confondre l'ordre de prioritats; res no és possible sense la igualtat i, per tant, aquest és el primer repte. Després ens podem dedicar a aprofundir en el coneixement de les diferències, que podrem gaudir si les reconeixem i sabem fer-ho.

La reducció dels rols masculí i femení al de persona ha estat criticada per certes postures feministes que han vist en aquest concepte una visió neutra i reduccionista. De fet, tal com assenyala Umberto Eco, el conflicte pot ser estrictament semàntic, però tanmateix amb un rerefons sociopolític evident. El llenguatge dominant ha estat el masculí i les definicions donades parteixen d'adquisicions culturals fetes des d'aquesta semiòtica, fins i tot les dones més sensibilitzades poden caure en el parany de descripcions fetes des de culturitzacions masclistes. Enfront d'aquesta realitat poca cosa podem fer que no sigui la de mantenir clarament la prioritat de la igualtat a l'hora de parlar de la «trobada» entre els uns i les altres i anar esperant que, entre tots, trobem un llenguatge comú no discriminatori. Escriu G. P. Di Nicola: «El refús de la persona és també un refús de la naturalesa humana comuna, en continuïtat amb una ontologia de la diferència, incapaç de superar els límits del gènere.» I més endavant continua: «La crítica feminista de l'universalisme ha d'aportar posicionaments que no neguin la realitat d'un terreny comú, sense el qual es perdria tota possibilitat d'enteniment entre homes i dones.» A. Cavarero ho reafirma dient: «Tan sols la semblança, com a forma de tensió entre éssers iguals i diferents, fa possible l'autoreconeixement personal.»

Em sembla adequat arrancar de la diferència fonamental per traslladar-la a la resta de diversitats. La dona, amb la trobada de l'home, pot veure fecundada la vida. Si l'un i l'altra es complementen en la procreació biològica és perfectament inferible que la vivència personal visqui un procés semblant. La trobada entre iguals enriqueix l'un i l'altra permetent l'experiència de la vida en comú o de la vida compartida entre els dos gèneres. No és imprescindible la trobada amorosa per enriquir-se amb l'existència d'una manera de ser persona diferent i igual. Homes i dones, participant del fet de viure en una mateixa comunitat, es transmeten influències mútues que poden resultar enriquidores a qui les vulgui acceptar com a tals.

Si resulta incontestable la diferència entre l'home i la dona pel que fa a la capacitat per l'embaràs i la criança, hi ha un gran nombre de referents que, amb més o menys rigor i certesa, ens parlen d'altres diversitats molt més inconcretables. De tota manera, l'observació de la quotidianitat, font inesgotable d'informacions molts valuoses, ens permet d'anomenar algunes característiques que esdevenen habitualment diferencials entre els homes i les dones.

Un primer referent el podem trobar en la manera de viure la infantesa de l'un i de l'altra. Pares i sobretot parvulistes saben que el comportament dels nens i de les nenes és diferent; els primers generalment són més moguts, inquiets i agressius. En créixer, el desenvolupament maduratiu és també divers. Tot indica que les noies tendeixen a madurar abans, desenvolupen les seves habilitats de manera més prematura que els nois. Aquesta observació ha portat el sociòleg Amando de Miguel a formular la polèmica proposta de tornar a separar els nens i les nenes a les escoles per evitar el que ell considera un greuge per als nens, els quals han de competir amb nenes que, malgrat tenir la mateixa edat, són molt més madures que ells. No puc compartir aquesta proposta, però he d'admetre que caldrà prendre algun tipus de mesura educativa que tingui en compte les diversitats entre els nois i les noies per tal de potenciar els uns i les altres. No consistiria, al meu entendre, a separar-los de classe, sinó de fer programes d'estudis que potenciïn les capacitats d'uns i altres.

Pel que fa al comportament i la psicologia femenina i masculina, s'ha pretès diferenciar de manera extremament generalitzadora. La tendència de la dona a tenir una millor capacitat de verbalització i de comunicació interpersonal s'ha relacionat amb alguns estudis que demostren que les zones del cervell on es produeixen els estímuls de la parla —àrea de Brocca i àrea de Wernike—, estan més desenvolupades en la dona que en l'home. A partir d'aquest coneixement s'han efectuat tota mena de conjectures sobre la major capacitat afectiva i emotiva de la dona. És evident que aquesta diversitat pot constatar-se en l'observació de molts comportaments masculins i femenins, però no tenim dades per assegurar que sigui degut a una diferència originària o pròpia del gènere; el desenvolupament més gran podria ser degut perfectament a la major dedicació de la dona, al llarg dels temps, a la comunicació verbal. No tenim dades per saber-ho de manera concloent.

També s'ha insistit molt sobre la diversitat d'aptituds dels homes i les dones. S'ha postulat que els primers estan més dotats per als coneixements concrets i els assumptes pràctics, mentre que elles ho estan més per a l'abstracció i les coses emotives i estètiques. De fet, tot indica que és una qüestió d'espais. Gosaria dir que la dona ha pogut desenvolupar, fins ara, allò que l'home li ha permès i, com es demostra cada vegada més quan té l'oportunitat de ferho, és capaç de desenvolupar amb prou eficiència moltes més activitats de les que li eren considerades com a pròpies.

De les moltes descobertes que palesen les diferències que fan referència a actituds i comportaments que volen sustentar-se en dades objectives obtingudes de manera científica, només poden considerar-se específicament vinculades al sexe de manera directa les de tipus hormonal; les altres poden respondre al principi que ens parla del desenvolupament dels òrgans que s'utilitzen amb preferència. Hi ha canvis en la complexió física que ens són difícils d'explicar, com passa amb l'estatura dels occidentals: si bé els homes continuen sent força més alts, les dones s'hi estan acostant. Això podria comparar-se, encara que amb una explicació més fàcil, amb el que passa amb les mans: si l'home i la dona primitius les tenien gairebé iguals, el desenvolupament de certes activitats va permetre diferenciar les mans de la dona i les de l'home. Ara cada vegada tendeixen a assemblar-se més.

Tot plegat ens situa la diferència en un pla de profunditat que es pot traduir en alguna diversitat concreta, però no obligadament permanent. Homes i dones som diferents, però podem viure la diferència de manera diversa i canviant. Si la dona entra en el món del treball i de la competitivitat, com hem vist en el cas de la Bàrbara, potser veurà afectada la seva capacitat afectiva. Si l'home participa activament en la paternitat i, en fer-ho, desenvolupa emotivitats que fins ara ignorava, potser guanyarà capacitat afectiva i perdrà, qui ho sap?, competitivitat i agressivitat.

Podem afirmar que vivim en un moment apassionant de l'evolució de les relacions home-dona. Resoldre la imprescindible igualtat per poder defensar una diversitat que possibiliti una trobada enriquidora pot ser un dels reptes que modifiquin les actituds que han portat l'ésser humà de les acaballes del segle XX a viure amb la sensació de no haver resolt l'apocalipsi emocional que ens anunciava Nietzsche.

No es tracta de masculinitzar les dones, ni de feminitzar els homes, sinó d'obrir formes d'expressió femenina a allò que fins ara semblava patrimoni dels homes i formes d'expressió masculina a allò que fins ara semblava exclusiu de les dones. El procés serà enriquidor per a uns i altres, col·lectivament, si en iniciar el camí de la igualtat ens esforcem alhora a descobrir, potenciar i compartir les diferències.

L'expressió concreta d'aquesta mútua simbiosi té una dimensió global que afecta homes i dones pel sol fet de compartir un tipus de societat que vol ser igualitària. Això permet conèixer una i altra realitat i l'expressió més personalitzada de la trobada afectiva, ara en crisi, en la mesura que no s'ha trobat la capacitat d'aprofundir en les seves possibilitats o s'hi ha donat l'esquena. Una gran majoria d'homes i dones han explorat tan sols una part de les seves capacitats d'atracció mútua, la que fa referència a la trobada inicial i l'apassionament dels desencadenants afectius. És raonable pensar que, un cop reconegudes les diferències més aparents i, per tant, més fàcils —les lligades al cos i la sensualitat—, si s'aconseguís aprofundir en d'altres diferències de caire més íntim i personalitzat, segurament es tindrien motius per desenvolupar una afectivitat que, junt amb la trobada física, donaria lloc a una relació intel·lectiva, almenys tan engrescadora com l'altra.

Cal demanar a l'home i la dona que no dimiteixin de la lluita per aconseguir ser iguals; però, sobretot, per poder continuar mantenint-se diferents i permetre una mútua descoberta.

SEGONA PART

L’entorn

DE LA SEGURETAT A LES INCERTESES

En Josep és un home de seixanta anys. En fa cinc que el conec. Va venir a la meva consulta perquè presentava simptomatologia ansiosa relacionada amb la seva situació laboral. Treballava en una empresa, en un càrrec de confiança a la part administrativa. Aquesta ocupació li permetia estar informat de la situació econòmica i dels moviments financers, fet que li ocasionava neguits des de feia molt de temps. «Ja fa anys que penso que tard o d'hora caldrà fer una suspensió de pagaments», va dir-me la primera vegada que em va venir a veure. La por de perdre el lloc de treball a una edat en què és difícil trobar-ne un altre era, per a ell, un considerable motiu d'angoixa.

El meu interlocutor vivia aclaparat per una informació que l'impulsava a calcular les possibilitats de sobreviure en una possible situació d'atur. Les seves previsions li feien pensar que era fonamental que el tancament de l'empresa no es produís fins que ell tingués més de cinquanta-vuit anys, d'aquesta manera podria acollir-se a l'atur i després, als seixanta, a la jubilació. Encara que no cobraria el cent per cent del seu salari, tindria prou ingressos per viure «dignament», tenint en compte que el seu fill petit, l'únic que encara depenia d'ell, ja hauria acabat els estudis i, per tant, es podria emancipar econòmicament. En Josep estava aclaparat per la seva situació laboral i contemplava el futur com una cursa d'obstacles plena de paranys dificilíssims de superar. L'ansietat que presentava era causada pel plantejament de vida que tenia. Va ser necessari administrar-li ansiolítics i procurar, amb poc èxit, fer-li veure que, per més que s'obstinés a clarificar el futur, no el podria modificar, i que li era necessari poder tirar-se les coses una mica a l'esquena per tal de no patir tant. No me'n vaig sortir gaire bé. En Josep pertanyia a una generació de treballadors que havia cregut que la fidelitat a l'empresa i la dedicació responsable i sense regatejar esforços eren garantia d'un futur assegurat. Ara trontollava tot el seu esquema i es trobava sense la capacitat de reacció que li permetés adaptar-se a la nova situació. A més, el que observava de la vida dels seus fills també li provocava incertesa.

En Josep tenia dos fills. Quan el vaig conèixer, el fill gran tenia trenta anys i el petit vint. El gran, Carles, era economista i treballava en una gestoria com a assessor fiscal, després d'haver fet d'auditor durant uns quants mesos i no haver-li agradat la feina. El petit, Pere, estudiava la carrera d'enginyer amb bons resultats acadèmics. En Carles era un bon conseller per al seu pare, li feia veure que la seva situació era la que patien molts treballadors i que la seguretat laboral no existia. Ell mateix havia optat per acceptar treballar com a col·laborador a percentatge i no fer-ho de manera fixa amb un contracte segur. Aquesta decisió del seu fill era un motiu afegit de neguit per a en Josep: «Si es queda sense feina ara que té la dona embarassada...» Les situacions de neguit continuat solen anar acompanyades d'una visió pessimista de les coses.

El panorama que explicava en Pere tampoc no era tranquil·litzador. La borsa de treball que hi havia a l'Escola d'Enginyers oferia feines no gaire remunerades i, en canvi, eren exigents i demanaven una gran dedicació: «Doctor, abans ser enginyer era una garantia de bona feina i ara, pel que explica el noi, cobrarà menys que molts dels meus companys administratius que no tenen a penes estudis.» En Josep ho veia tot molt negre i li costava acceptar els canvis socials que apreciava. El fet de veure com uns esquemes sobre els quals havia organitzat la seva vida semblaven estar del tot desfasats li produïa una raonable ànsia.

Com he dit, conec en Josep des de fa cinc anys, en tenia cinquanta-cinc quan va venir per primera vegada i ara n'ha fet ja seixanta. Encara treballa a l'empresa que, amb diferents alternatives i complicacions, ha aconseguit mantenir-se, tot i haver hagut de fer reducció de personal. No cal dir que cada vegada que tenia la notícia de possibles acomiadaments, en Josep venia a veure'm per escoltar paraules que, malgrat que ell sabia que no tenien cap autoritat, el convencessin que no seria ell un dels afectats.

Al llarg d'aquest anys han sorgit diferents situacions que han estat especialment agressores per a l'equilibri emocional d'en Josep. Sens dubte, la situació més colpidora té lloc cada vegada que llegeix que les administracions no poden garantir el pagament de les pensions o no poden mantenir el poder adquisitiu d'aquestes. A vegades, els titulars dels diaris o dels informatius radiats o televisats recalquen la part més espectacular de les declaracions dels polítics, i aquests sovint no s'adonen de la responsabilitat que tenen quan posen la por al cos dels seus conciutadans. Tot plegat ha afectat el col·lectiu de pensionistes. Molts d'ells han patit i pateixen pel seu futur malgrat les declaracions tranquil·litzadores que solen seguir a les que han causat l'alarma i que, lògicament, són menys cregudes que les primeres.

La influència de l'alarma sobre el futur de les pensions va fer modificar el plantejament inical d'en Josep. Com he exposat, quan el vaig conèixer aspirava a mantenir la feina fins als cinquanta-vuit anys; després l'atur i la jubilació li permetrien viure, segons els seus càlculs, de manera satisfactòria. Justament quan li faltaven uns mesos per arribar a l'edat somiada van començar a aparèixer notícies que posaven en crisi l'Estat del benestar. Per a ell va ser molt més traumàtic que les reestructuracions de plantilla que comportaven acomiadaments a la seva empresa. S'havia mentalitzat d'una possible fallida empresarial, però no podia admetre que fos l'Estat, el sistema, el que li fallés. «De qui ens hem de fiar?, com ho podem fer per assegurar-nos el futur?», em preguntava amb neguit, aquesta vegada encara més conscient que jo no tenia cap resposta plausible.

Segurament, per la incertesa que li van causar les manifestacions publicades referents al futur de les pensions, va oblidar d'acollir-se a l'atur i, com que la seva tasca devia ser rendible per a l'empresa —mai no vaig dubtar de la seva vàlua com a treballador—, continuava treballant i continuava patint per un futur que segur que té garantit, però no tant com ell havia esperat.

Les experiències viscudes pels seus fills durant aquests anys tampoc no van contribuir a tranquil·litzar-lo. En Carles continuava treballant a l'assessoria fiscal, però havia patit greus problemes laborals, primer per malentesos amb l'amo i més tard per una disminució considerable de la feina durant un parell d'anys. En Josep veia com el seu fill, «que és un universitari», insistia sempre que en parlava, havia de treballar moltes hores i obtenia uns guanys menys gratificants dels que ell consideraria justos. «Pensi, doctor, que durant les campanyes de la declaració de la renda no veu ni els seus fills. Surt de casa a les set del matí i hi ha dies que torna a mitjanit.» Ell no havia imaginat mai que el seu fill hagués de treballar d'aquesta manera; a més, el capficava moltíssim que el seu fill continués sense contracte.

En Carles era casat amb una noia que, un cop acabada la carrera de magisteri, s'havia posat a treballar a l'escola on havia fet pràctiques quan estudiava. Es tractava d'una escola privada amb una ideologia pedagògica que s'adeia molt amb les seves idees i els seus plantejaments. S'hi trobava molt bé i va acceptar el lloc de treball quan li van oferir un cop acabats els estudis. Aviat va adonar-se que l'escola tenia un forat econòmic important. Les nòmines no es pagaven amb regularitat i va començar a parlar-se de la necessitat de cercar solucions, ja que no hi havia prou alumnes per poder afrontar la reforma educativa que s'anunciava imminent. Després de moltes reunions i temptatives d'agrupar-se amb altres escoles privades en la mateixa situació que la seva, la dona d'en Carles va quedar-se sense feina i no va tenir altre remei que preparar-se per unes oposicions per tal d'entrar a l'escola pública. La primera convocatòria se la va perdre, perquè va coincidir amb el naixement del seu segon fill. Ara està pendent de la pròxima convocatòria. Per a en Josep aquesta situació era igualment traumàtica: «Almenys el sou d'ella seria fix i, si pogués entrar a l'escola pública, ja seria funcionària, llavors tindrien un salari assegurat per tota la vida.» Encara veia els funcionaris com a éssers privilegiats que gaudien d'una seguretat superior a la de les altres persones.

Pel que podia entreveure en les meves entrevistes amb en Josep, en Carles i la seva esposa afrontaven amb força serenitat els esdeveniments o, si més no, això és el que li transmetien amb la intenció de fer-lo patir el mínim possible.

En Pere havia acabat enginyeria i, després de fer un curs de postgrau de no sé ben bé què, va trobar feina. Treballava al departament de producció d'una multinacional. Tot indicava que havia estat de sort, però el seu pare s'entestava a veure les dificultats que presentava la feina. Pel que sé, en el contracte hi figurava una clàusula segons la qual l'empresa tenia el dret a destinar en Pere a qualsevol lloc d'Europa sense que ell pogués oposar-s'hi; tampoc no es descartava que el poguessin enviar a qualsevol altra part del món. «Pensi que el salari que li paguen no és res de l'altre món», em deia palesant la seva indignació. Costava molt de fer veure a en Josep que en Pere era un home afortunat que tenia una feina d'enginyer, quan tot just acabava de fer vint-i-cinc anys, malgrat estar sotmès als designis de l'empresa. Ell es pensava que a l'obtenir una titulació universitària s'accedia a un altre estatus on es gaudia de més llibertat i es cobraven salaris «de ric».

Un dia en Josep va mostrar-me la seva preocupació pel futur d'en Pere: «Si s'acompleix l'amenaça del seu contracte, a aquest noi li desfaran la vida.» Llavors va explicar-me que la promesa del seu fill feia tres anys que havia aconseguit llicenciar-se en dret i que, donades les poques possibilitats de trobar feina, va decidir preparar-se per fer oposicions. Segons sembla, primer volia aspirar a ser registradora de la propietat, però se'n va desdir en veure la dificultat del temari i la forta competència que hi havia. Un preparador li va recomanar que es dediqués a preparar-se per ser fiscal o jutge. Ara ho estava fent.

En Josep es devia pensar que presentar-se a unes oposicions és com passar un examen qualsevol i va desanimar-se molt quan li va dir que ella calculava que trigaria uns cinc anys, pel cap baix, abans d'estar preparada per examinar-se. No s'ho va creure, per això va desencisar-se molt quan li van comunicar que hi havia una convocatòria i que ella hi aniria a veure com eren, però que encara no es podia presentar perquè no havia acabat tot el temari. No entenia que després d'un any i alguns mesos estudiant més de deu hores diàries no pogués presentar-se. Hi ha moltes persones de l'edat d'en Josep a qui els costa molt adonar-se de les dificultats que tenen els joves actuals per poder obrir-se camí. A ell li agradaria poder controlar les situacions i organitzar la vida dels seus fills segons les seves previsions. Sempre havia pensat que, com havia fet en Carles, en Pere es casaria quan trobés una feina i ara es trobava que havien decidit no fer-ho fins que ella no obtingués una plaça. Per a en Josep, el casament del segon fill era com una fita, una manera de posar fi a la seva funció de pare, de veure's alliberat d'una responsabilitat feixuga que s'havia imposat. Feia molt de temps que les responsabilitats li pesaven més del compte.

Pel que he exposat fins aquí el lector podria pensar que en Josep és una persona anormalment patidora i que té una visió exageradament pessimista de la vida. Puc assegurar que no és així. Quan aconsegueix desprendre's de les preocupacions laborals i de les relacionades amb la seguretat respecte al futur, és un home cordial, afectuós amb la seva esposa i bon amic dels seus amics. Aficionat a l'esport, de jove en va practicar molt i ara és un assidu i fanàtic espectador; quan parla del seu equip, és capaç d'oblidar les seves cabòries. També podria pensar-se que es tracta d'una persona exageradament preocupada pels diners i la seguretat econòmica. Si bé és cert que constitueixen una font de neguit molt considerable, també ho és que es tracta d'una persona generosa a qui agrada obsequiar les amistats i frueix convidant els seus fills. És, doncs, una persona normal, però turmentada per un canvi en les perspectives socials, com ha passat a molta més gent de la que podria pensar-se.

A l'hora de triar un cas podria haver optat per altres on es palesa amb més cruesa el drama de l'atur a una edat en què ja no és gens fàcil obtenir una nova feina i amb situacions familiars molt més difícils que la d'en Josep. Si he triat aquesta situació és pel fet que palesa, de manera més directa, el canvi de sentit de la seguretat a les incerteses que ofereix el futur. En altres casos, l'atur de les persones grans, afegit al de les persones joves, posa de manifest una situació de crisi econòmica que, al meu entendre, mostra una cara diferent de la que volia ressaltar.

Cal deixar clar, però, que hi ha situacions molt més dramàtiques que la que he exposat. Si en Josep tem pel seu futur, però viu un present força reeixit, hi ha moltes persones que no situen els seus neguits en l'esdevenidor. Els tenen per sobreviure dia a dia.

El drama d'en Josep és que la vida ha evolucionat com ell no tenia previst i ho ha fet quan ell disposava de poc marge de maniobra i poc temps per adaptar-se a una situació nova. La psicologia de l'aprenentatge ens diu que, com més avançada és l'edat d'una persona, més dificultats té per aprendre comportaments nous i modificar les seves actituds. Si bé es cert que no es pot considerar vella una persona de cinquanta-cinc anys, també ho és que, pel que fa als plantejaments laborals, pot ser-ho, sobretot si ja fa temps que pensa que s'està acostant al final de la seva vida laboral.

En el cas que he exposat, podem veure com els dos fills d'en Josep s'estan adaptant, sembla que amb prou facilitat, a un món laboral molt més dificultós del que el seu pare els devia dibuixar de més joves. Cal tenir en compte, també, que parlem de persones que han aconseguit una titulació universitària i que, amb més exigències de les esperades pel seu pare, han trobat feina, fet que cal considerar d'allò més afortunat en els temps actuals. Sigui com sigui, i pel que fa a la meva pretensió, el cas serveix per palesar la necessitat d'estar preparat per a uns canvis que encara poden arribar a ser més traumàtics. Després de viure unes poques dècades, i en una reduïda part de món, amb expectatives de seguretat, hem tornat on sempre s'havia estat i on han estat la majoria dels humans, instal·lats en les incerteses que ens pot presentar el futur. Tots plegats ens havíem cregut que era possible garantir la permanència del benestar: era massa bonic per renunciar-hi amb facilitat.

No tinc prou coneixements per fer una valoració des de la perspectiva de l'economia, i se m'escapa per complet, com també als meus interessos. El que sí he cregut oportú és fer una valoració de les repercussions psicològiques del canvi que ha comportat passar de creure en una societat tan ben organitzada que ens garantia totes les eventualitats a adonar-se de la impossibilitat d'aquesta proposta i acostumar-se, una altra vegada, a conviure amb les incerteses.

Hi ha un eix fonamental en l'exposició d'en Josep: la por de no poder cobrar, arribat el dia, la pensió a què creu tenir dret pels anys que ha estat treballant; a més considera injust el tracte que la societat dóna als seus fills, perquè, havent fet una carrera, no els retribueix com ell creu just. Totes dues preocupacions tenen una arrel semblant. Per a ell es trenca la correlació causa-efecte en què havia cregut: si treballes tota la vida, tens el futur assegurat; si estudies una carrera i ets treballador, et guanyaràs molt bé la vida.

En un primer ordre, el protagonista del relat que acabo de descriure viu el neguit de la incertesa quan encara està en actiu, quan encara treballa i, per aquest motiu, té alguna capacitat de maniobra (de fet, no va acollir-se a l'atur en el moment que l'empresa li ho possibilitava, en no tenir certesa respecte al sistema de pensions). Hi ha moltes persones jubilades, fins i tot algun pensionista afectat per alguna malaltia greu, que viuen angoixades pel cobrament de les pensions quan veuen o escolten notícies que les posen en perill. En aquest sentit caldrà exigir responsabilitat als polítics o alts càrrecs de l'administració: han de ser rigorosos a l'hora de fer declaracions, cal evitar els titulars alarmistes que són desmentits l'endemà. Crec que és tan exigible que els estats garanteixin les pensions a qui les cobra com que es prenguin mesures per evitar que el sistema faci fallida. En tot cas, mai no podran ser perjudicats els qui no tenen cap possibilitat de modificar la seva situació. Totes les reformes del sistema de pensions caldria plantejar-les, en tot cas, pels pensionistes del futur, els canvis mai no haurien d'afectar els pensionistes que ja ho són. Sigui com sigui, tan sols es podria admetre algun retoc en les pensions més elevades. És del tot imprescindible alliberar de les incerteses els qui no poden fer res per adaptar-se a una vida diferent, tant pel que fa al seu equilibri psicològic com pel que fa a la justícia. Aquesta hauria de ser una qüestió inviolable que permetés viure la part final de la vida sense ensurts. No són poques les persones grans que, ensenyant-me un retall de diari o referint-se a alguna declaració que ha estat notícia, m'han expressat el seu neguit pel futur.

Els economistes ens expliquen que la presumible fallida del sistema de pensions té com a punt d'origen el fet que, en la majoria de països, els programes de la seguretat social no es financien de forma anticipada, sinó que les pensions que es paguen als pensionistes actuals surten de les cotitzacions i dels impostos recaptats entre els treballadors que cotitzen. Com que cada vegada hi ha una població passiva més elevada i una població activa més reduïda, dels guanys de més pocs han de sortir ingressos per a molts. L'equivocació cal situar-la en l'origen del sistema, una gran majoria dels qui avui tenen dret a una pensió van cotitzar en el seu dia i, per tant, no poden pensar sinó que els prenen el que, amb tota llei, estan convençuts que els pertany.

La majoria de països han reconegut que pagar a mesura que es finança ja no és viable i, per tant, els seus governs estan obligats a cercar respostes que resolguin no tan sols els problemes de tresoreria immediats, sinó també els que inevitablement sorgiran a mitjà i llarg termini. Cal que els polítics tinguin clar que en la seva tasca han adquirit un compromís formal amb la societat i que, a més del culte personal que sempre dóna accedir al poder, tenen el deure ineludible de trobar respostes adients per als qui han viscut una determinada promesa de futur. Ells són els responsables de la credibilitat dels estats, peça clau, avui dia, de la confiança i la seguretat de les persones.

El conflicte que comporta una possible fallida en el pagament de les pensions s'incrementa amb la precarietat laboral en els més joves. En Josep, a més de témer pel cobrament de la seva pensió, vivia astorat per la precarietat salarial dels seus fills en relació amb allò que ell havia imaginat que seria la seva carrera professional. Convençut que un universitari tenia una vida econòmica garantida, havia fet tots els esforços possibles per tal d'aconseguir que els seus dos fills accedissin a la universitat i acabessin els estudis. A més, amb gran satisfacció per a ell, les seves parelles també eren universitàries. Per tot plegat li resultava difícil d'admetre que, malgrat haver pres totes les mesures de previsió possibles, ell hagués de viure neguitós pel futur dels seus fills.

Segons apunten tots els economistes, la retallada de l'Estat del benestar sembla inevitable; però, com ja he dit abans, el punt més intocable de tots és el de les pensions prèviament garantides. A llarg termini pot pensar-se en un tipus de seguretat social que no garanteixi pensions i que permeti al treballador tenir la llibertat d'organitzar la seva previsió de futur recorrent als plans de pensions privats o a les diferents modalitats d'estalvi que puguin proposar les entitats financeres. Serà retornar a l'estil de vida dels nostres avis, els quals, quan ja tenien el que necessitaven per viure, començaven a estalviar «per tenir pa per a la vellesa». Potser canviaran les formes, segur que seran molt més sofisticades, però l'ànim que les inspirarà serà el mateix: cada individu es responsabilitzarà, almenys en part, del seu esdevenidor, i quedarà al criteri i a les possibilitats de cada Estat donar més o menys suport públic a l'estalvi o mantenir algun sistema de pensions, segurament més precari que els actuals.

La incertesa i una certa precarietat originaran, tant de bo!, el retorn a formes de solidaritat familiar. Els pares que puguin hauran d'ajudar els fills a qui costi aconseguir una feina o un salari suficient per cobrir els compromisos econòmics adquirits; i els fills, si els és possible, hauran de fer-se càrrec dels pares si, finalment, aquests passen precarietats.

Si he exposat amb contundència la necessitat d'exigir als governants el compromís de pagar les pensions que han adquirit és per la greu repercussió anímica que podria tenir una fallida en aquest sentit. En el darrer apartat d'aquesta part del llibre parlarem dels efectes de l'allargament de la vida. Cada vegada hi haurà més ciutadans en situació de jubilació i sense possibilitats per reconduir la seva economia; cal garantir-los la supervivència per tal de poder plantejar-se una mínima qualitat de vida. A fi de resoldre els conflictes econòmics de la societat actual pot arribar a ser comprensible que en el futur s'efectuïn canvis en els qui encara no són pensionistes. És possible que molts treballadors que a final de segle estaran a la meitat de la seva vida laboral hagin passat d'estar segurs que cobraran pensió a veure com no els serà possible fer-ho, que serà una pensió precària o, fins i tot, del tot insuficient. En la mesura en què siguin prou joves per reconduir la seva economia i adaptar-se a la nova situació, l'agressió psicològica provocada per aquesta modificació pot ser més o menys tolerable. De totes les situacions, la que esdevé més colpidora és la que afecta els treballadors encara en actiu però que s'acosten a l'edat de jubilar-se. Per a aquests caldria un pla que els informés, amb totes les garanties que fos possible, de quin serà el seu futur com a pensionistes. Res no resulta més agressor, des d'un punt de vista psicològic, que viure instal·lat en la incertesa.

Robert M. Katz, director de pensions del Banc Mundial, publicava per l'abril del 1996, en el diari *Avui*, un article sobre el futur de les pensions on es formulaven un seguit de preguntes i respostes: «Hi haurà pensions d'aquí a vint anys? La resposta a aquesta pregunta ha de ser que sí. Aquestes pensions seran suficients per proporcionar seguretat econòmica a qui les cobri? Potser no. Es pot solucionar el problema? Tots esperem que la resposta a aquesta pregunta sigui que sí. Els governs, els empresaris, els treballadors i cada persona en el seu àmbit particular han de treballar conjuntament per reconèixer que fer els preparatius econòmics per a la jubilació de forma anticipada beneficia a tothom.» Si bé l'autor de l'article vol ser optimista, acaba formulant una resposta que passa per un canvi fonamental en la mentalitat del ciutadà. Durant unes quantes dècades es va poder pensar que s'havia assolit un sistema públic que garantia el benestar futur dels ciutadans. Ara torna a ser cada persona, cada família de manera particular, que ha d'afrontar el problema ajudant-se, potser, de les aportacions més o menys considerables de l'Estat. La pèrdua de protecció i, sobretot, de garanties estatals, la defineixen com la fi de l'Estat del benestar, que tanta tinta fa córrer i que tantes actituds modificarà.

L'home i la dona del tombant de segle que viuen en el reduït espai que ocupa el món occidental afrontarà les seves vivències referents a l'economia amb menys seguretat i moltes més incerteses de les que van viure els ciutadans de la segona meitat del segle xx, sobretot a partir dels anys seixanta. La manca de seguretat i les incerteses se situen no tan sols en les garanties pel que fa a les pensions; també el món laboral es viurà amb sensació de menys seguretat i estabilitat. Sembla assumit pels joves d'avui que aspirar a una feina fixa «per a tota la vida» no pot entrar en els seus plans possibles. Aprendre a viure en la necessitat de demostrar constantment la pròpia vàlua i l'eficàcia del rendiment per tal de mantenir el lloc de treball és una situació que tampoc no semblava possible fa uns quants anys.

L'organització de la feina del futur passa per dos aspectes que modifiquen de forma considerable la dedicació i l'actitud mental envers el treball. Els dos aspectes esmentats són la variabilitat de l'horari laboral i la necessitat d'una formació permanent. Només les feines de menys requeriments tècnics podran fer-se sense formar-se continuadament i durant un horari concret. Els llocs de treball en què la permanència sigui fonamental i els que es puguin ocupar sense un reciclatge continu seran una minoria i segurament els menys remunerats.

La jornada laboral del segle que ve serà molt diferent de la d'avui. Tot indica que una gran part de la feina podrà realitzar-se amb un horari que el mateix treballador podrà organitzar al seu gust i que molts podran treballar des de casa seva. Aquest fet, que inicialment pot semblar engrescador, té aspectes molt més aclaparadors del que podria pensar-se. Conec diverses persones que des de fa alguns anys han aconseguit treballar en aquestes condicions, i el nivell d'esgotament i de vinculació emocional a l'empresa són molt més estressants dels que habitualment apreciem en treballadors que duen a terme la mateixa tasca en una oficina.

Com que les noves tecnologies permeten connectar qualsevol domicili amb les oficines de les empreses, la majoria de feines podran realitzar-se des d'un ordinador instal·lat a casa. Això vol dir que es podrà treballar quan es vulgui. N'hi ha que es pensen que la llibertat que aquest fet representa és una garantia de qualitat de vida. Cal adonar-se que, si bé és cert que es tindrà llibertat per deixar de treballar quan convingui, també ho és que es podrà treballar tant com es vulgui o com requereixi el ritme imposat per l'empresa. Pot convertir-se, doncs, en una situació poc gratificant.

Conec qui, amb aquest sistema, treballa més de dotze hores diàries i, moltes vegades, quan es presenten tongades de més activitat treballen els caps de setmana i allarguen, encara més, les jornades. Algunes empreses s'han aprofitat dels treballadors que els han permès treballar amb aquest sistema com si es tractés d'un favor, fet que ha originat situacions com les que he descrit. Segurament, quan aquesta manera de treballar es generalitzi, es trobaran mecanismes correctors que evitaran situacions d'abús. Aquest fet, però, no es pot pas garantir del tot. Les empreses, en un mercat de treball molt més liberalitzat, cercaran treballadors compromesos amb la feina fins al punt de poder exigir una dedicació tan extrema com exclusiva. Tot ens indica que, almenys en els inicis del segle vinent, qui vulgui tenir una bona feina haurà d'estar disposat a viure per ella. Aquell consell que havia tingut vigència durant unes dècades, que ens parlava de la necessitat de treballar per viure i no de viure per treballar, caldrà no donar-lo als joves d'avui, no fos cas que a les feines els exigeixin allò que no estan disposats a donar i es trobin amb greus dificultats per aconseguir treball.

Quan parlo d'empreses, es pot pensar que em refereixo a multinacionals sense rostre humà on el treballador és un element fàcilment substituïble per un altre. No és així. Conec, per exemple, escoles que demanen dels seus professors una dedicació que ultrapassa l'horari lectiu, que estiguin disposats a reunir-se sempre que calgui, que facin informes i programes quan ho demana la direcció; per ara no s'acomiada a qui no es mostra disposat a fer-ho, però sí que perd possibilitats de promoció i acaba destinat a les tasques que ningú no vol. La precarietat laboral repercutirà, inevitablement i lamentable, en un increment de la dedicació i, sobretot, de la disponibilitat. El treballador se sentirà més atrapat pel seu lloc de feina, i el seu marge de maniobra quedarà reduït. Caldrà treballar més i demostrar la pròpia vàlua constantment.

En aquest mateix sentit repercuteix la necessitat de formar-se de manera continuada. Moltes empreses han implantat la idea de l'aprenentatge al llarg de la vida *—lifelong learning—* en els seus empleats, la qual cosa comporta que aquests han d'aprendre a aprendre i a implicar-se en la presa de decisions a la feina, sempre que els sigui possible. No es tracta d'un caprici del món empresarial, sinó d'una exigència que neix dels canvis tecnològics i de la necessitat que tenen les empreses d'adaptar-se en cada moment a les necessitats dels mercats. Res no pot estar massa quiet, de fet, res no pot estar gens quiet. Per això l'endemà mateix d'aconseguir una feina cal demostrar que ha estat encertada l'elecció feta pel qui ha efectuat el contracte, i així sempre.

Tan aclaparadora per a l'equilibri psicològic pot ser la necessitat de demostrar una constant eficàcia com la d'estar en situació de formació continuada. Una i altra circumstància repercuteixen de manera decisiva en la seguretat personal del treballador. Des de sempre, l'antiguitat i els coneixements demostrats han donat solvència i tranquil·litat laboral a l'empleat. Haver fet una cosa durant anys donava experiència, i aquesta era garantia de permanència. Ara els valors es capgiren i canvien les prioritats. L'experiència pot ser un valor que s'ha de tenir en compte, però també pot ser un entrebanc per a nous aprenentatges. «Aquesta persona porta massa temps fent les coses de la mateixa manera per ser capaç d'aprendre a fer-ho d'una altra»: amb aquest raonament un cap de secció pot demanar la substitució d'un treballador.

El lector es deu haver adonat que les perspectives de futur, pel que fa al món laboral, no són gens afalagadores i que fins i tot contrasten amb alguns dels meus escrits anteriors en què he alertat dels perills, per a l'equilibri psicològic, de les addiccions a la feina. Potser per aquest motiu em sembla especialment greu aquesta circumstància que ja s'està donant a la darreria del segle XX. Tot plegat, però, no té per què ser equivalent a l'adquisició de patrons de comportament propis de la persona afectada per l'addicció a la feina. Justament en la mesura en què l'addicció esmentada sembla destinada a ocupar més espai en la vida del treballador, aquest necessitarà de més recursos i d'esforç per no deixar-se atrapar per actituds laborals addictives. A favor d'aquesta afirmació podem afegir que l'addicte a la feina acaba sent menys rendible i, per tant, cal evitar el parany d'esdevenir-ho.

Si bé és cert que caldrà prendre's molt seriosament la feina, que caldrà ser generós amb l'esforç, en la dedicació de temps i d'energies i en la preparació continuada, també ho és que una persona sana no pot viure atrapat en un món unidireccional on no tingui espai més que un tipus d'interès. L'enriquiment humà que significa potenciar la vida afectiva, com a element fonamental per a l'equilibri personal, serà encara més important si és més aclaparadora l'exigència laboral. En l'afectivitat, l'ésser humà troba la compensació als moments de competitivitat i enfrontament, a les situacions en què ha estat necessari prendre decisions dures o en les circumstàncies en què la seguretat personal ha estat posada a prova. L'entorn afectiu és i serà, cada vegada més, un element important a l'hora de poder plantar cara a una vida que se'ns presenta molt menys amorosida del que voldríem. Alguns psicòlegs d'empresa han començat a elaborar estudis sobre la correlació que hi ha entre rendiment professional i estabilitat emocional. Algunes d'aquestes investigacions, que voregen amb la violació de la intimitat del treballador, posen en evidència que, per exemple, un fracàs matrimonial és motiu d'un augment considerable de l'absentisme laboral i del patiment de malalties lleus que provoquen visites mèdiques que alteren la dedicació a la feina. Enquestes efectuades en el si d'empreses amb un nombre elevat de treballadors han posat de manifest una correlació entre una valoració laboral favorable i una vida sexual gratificant i estable. Tot plegat ens porta a adonar-nos que l'equilibri emocional no pot posar-se en joc pel fet d'haver de dedicar-se amb més intensitat a la feina. Caldrà, però, no subvertir els valors. Seria lamentable que procuréssim gaudir d'una bona vida afectiva per tal de rendir més favorablement a la feina. L'afectivitat és prou gratificant per ella mateixa i, si per les circumstàncies que sigui, no ho fos, caldria solucionar el conflicte, però no pas per aconseguir estabilitat laboral.

Si recordem el relat que feia referència a en Josep i els seus neguits respecte al futur, veurem que la seva vida havia estat de dedicació absoluta a la feina i la seva màxima preocupació va ser donar una carrera als dos fills; no tenia altra afició que el futbol. Una vida potser massa reduïda a interessos per fer front a les incerteses que se li han plantejat quan s'ha començat a sentir gran. Cal dir que, al llarg de les diverses entrevistes que vaig mantenir amb en Josep, aquest va venir alguna vegada acompanyat de la seva esposa i en moltes altres ocasions l'havia esmentada. Era una dona tradicional, típica d'una època, dedicada al marit i als fills; no havia treballat mai, fet que, en alguns moments, es retreia ella mateixa, perquè podria haver estat un suport suplementari al seu home en els moments en què a ell l'atrapaven les cabòries sobre el seu futur econòmic. En Josep trobava en la seva parella la serenor que no tenia, la manca d'exigències per part d'ella ha estat un element que li ha permès afrontar la seva situació amb menys trencament del que hauria pogut tenir lloc si les demandes d'ella haguessin augmentat la pressió. Conec situacions en què la parella exerceix un paper neguitejador en la mesura que augmenta la por de l'interessat de no poder correspondre a allò que s'espera d'ell. També en aquesta situació l'acompanyament afectiu esdevé importantíssim per conviure amb situacions estressants.

Segur que els fills d'en Josep no tindran una dona que visqui aquest tipus d'afectivitat en què l'aportació es concreta en el suport afectiu i la manca d'exigències. El cert és que podran afrontar feines dificultoses, oposicions, horaris intempestius, entre altres coses. En la mesura que els fonaments de la seva afectivitat siguin sòlids i dediquin l'atenció necessària per tal de poder continuar gaudint-la, podran ser un suport mutu en les situacions de conflicte o inseguretat.

Tanmateix, l'ésser humà pot sostenir-se sobre dos grans pilons: l'afectivitat i la feina. L'una i l'altra són la base de l'estabilitat personal, però no són els únics elements que poden contribuir a aconseguir l'equilibri. L'amistat, en algunes situacions tan important com l'afectivitat o formant part d'aquesta, i una considerable diversitat d'interessos poden contribuir a estabilitzar una persona. He dit que la implantació a moltes empreses de l'anomenat *lifelong learning* —aprenentatge al llarg de la vida— implica la necessitat d'aprendre a aprendre. Aquesta pot ser una aportació clau que alliberi l'home i la dona del segle XXI d'estar atrapats per una obsessiva dedicació a la feina. Quan una persona troba gust a aprendre obre el seu món d'interessos i això li pot permetre no tan sols formar-se en aspectes imprescindibles per a la seva feina, sinó que pot ampliar el camp dels seus coneixements i curiositats.

En la primera part d'aquest llibre acabava apostant per un enriquiment personal del procés de trobada dels homes i les dones. Malgrat que els reptes que exposo en aquesta segona part són prou colpidors per provocar el neguit i, a vegades, el descontrol de molts, el resultat final no té per què ser desesperançador. És segur que tindrem menys certeses i seguretats, però no és imprescindible que els neguits hagin de ser forçosament negatius. Un cert grau de tensió personal, de lluita per aconseguir les fites, fa molt més ric el repte de viure. A més, la possibilitat de viure aprenent coses durant la resta de la vida és un repte molt més apassionant que no pas tenir garantit un lloc de treball que ens podria aportar, com a màxim, tranquil·litat.

Durant el segle XX va creure's que les garanties de futur aportarien serenor i tranquil·litat, factors que es veien com les premisses per accedir a la felicitat. Durant el temps que va durar el somni va veure's que no era del tot cert. Un futur garantit podia ser motiu de tranquil·litat, però no era especialment engrescador. Tant de bo haguéssim pogut mantenir l'expectativa de l'Estat del benestar. Renunciar a la tranquil·litat voluntàriament seria quimèric; però, com que no ens queda altre remei que adaptar-nos als temps que vénen, ens cal procurar veure els possibles avantatges que en podem treure. Un món més incert no té per què ser un món menys feliç. Només serà menys segur.

L'ALLAU DE NOVES APORTACIONS TECNOLÒGIQUES

La Margarida havia vingut a la meva consulta uns anys abans arran d'uns episodis d'ansietat relacionats, probablement, amb les fortes tensions que vivia en el si de la seva família. Era la petita de quatre germans, havia acabat la carrera de Ciències Empresarials i no trobava cap feina que satisfés les seves aspiracions: «Una vegada em van contractar i al cap d'un mes ho vaig deixar. Volien que fes de secretària.» En no trobar un treball satisfactori va posar-se a l'empresa dels seus pares. Tenien una xarxa de botigues de roba que portaven entre el pare i la mare.

La mare de la Margarida era una dona d'empenta, decidida i força preparada per als negocis. Tenia vista i capacitat per assumir les situacions de risc. El pare, en canvi, era una persona apocada, calculadora, molt poc tolerant a les frustracions i temerosa davant les situacions de risc. Feia ja molts anys que treballaven plegats i, probablement per aquesta raó, s'havien acostumat a viure en permanent situació de tensió, conflictes i enfrontaments. La Margarida va trigar a acostumar-s'hi i per aquest motiu va patir unes situacions de neguit que ella descrivia com a crisis d'ansietat, que van motivar la seva visita.

La vaig tornar a veure cinc anys més tard. S'havia casat i continuava treballant al costat dels seus pares. Ella i la seva mare van fer una aliança que va anar bé a l'empresa, però això va comportar deixar el pare en un segon pla; es limitava a fer tasques d'administrador. Sigui com sigui, amb aquesta situació implícitament acceptada per tots, es van relaxar les tensions i va millorar l'ànim de tots plegats. He cregut important esmentar el conflicte precedent per entendre millor el que ens ocuparà en els esdeveniments que relatarem a continuació.

Com he dit, la Margarida s'havia casat. Ho havia fet amb un economista que treballava de cap del centre d'estudis d'una entitat financera. Ella es va presentar sola a la consulta. N'era el motiu exposar-me el comportament del seu marit que considerava estrany i l'atribuïa a una manca d'estimació o d'interès per ella. De fet, va començar dient-me: «Ara vinc per un problema matrimonial.»

En Valentí, així es deia el marit, era un home molt atrapat per la feina. Segons opinava la seva esposa, hi estava més per propi gust que per exigències de l'empresa. Solem escoltar esposes que es queixen de la dedicació dels seus maritis a la feina, i sovint opten per donar la culpa al marit abans que a la naturalesa del seu treball. Va explicar-me que al vespre arribava molt tard, molts caps de setmana portava feina a casa i que tot sovint el trobava absent i, en preguntar-li què pensava, o bé li contestava que «no pensava en res» o bé li deia que tenia al cap coses de la feina.

Vaig interessar-me per si aquest comportament havia estat sempre així o bé s'havia anat instaurant durant els tres anys que eren casats. Va explicar-me que el procés havia estat progressiu: des del primer moment ell li havia dit que passarien uns anys molt difícils perquè li calia demostrar a la feina que mereixia la confiança que li havien donat en nomenar-lo per al càrrec que exercia tot just uns mesos abans de casar-se: «Però jo no creia que fos tant», deia ella.

Vaig recórrer al coneixement que tenia de la seva situació familiar per interessar-me pels motius que l'havien portat a casar-se. Volia descartar que ho hagués fet per escapolir-se d'una situació que no li era gens agradable de viure. Va contestar-me que no, que la personalitat d'en Valentí l'havia atret des del primer moment de conèixer-lo. Va fer una referència indirecta a la figura del seu pare quan em va dir: «Precisament em va agradar que fos un home treballador, emprenedor i ambiciós, no com altres homes que coneixia». En Valentí era, doncs, el tipus contrari a la figura paterna que tants conflictes havia tingut amb la seva mare i tant l'havia obstaculitzada per desenvolupar-se professionalment i econòmicament. La Margarida era ambiciosa i, d'entrada, ja li anava bé un home com en Valentí. Però, a més d'ambiciosa, era també una mica dominant i això la feia ser d'allò més crítica envers les actituds del seu marit. Així ho pensava jo, quan va afegir: «El que m'ha fet decidir a venir és el que ens passa darrerament». Quan em vaig interessar per quin era el motiu del seu neguit va explicar-me els símptomes típics d'una persona addicta a la informàtica, més concretament, a la xarxa Internet.

Em va explicar que es passa hores i hores «navegant». Perd la noció del temps i, com que sap que ella està en contra d'aquesta manera de passar el temps arriba a fer-ho d'amagat: «Més d'una vegada s'ha ficat al llit amb mi i al cap d'una estona s'ha llevat i s'ha passat davant de l'ordinador tota la nit.» Explicava que, d'ençà que tenia la dèria de «connectar-se», havia perdut tota mena d'interès per anar al cine, sortir amb els amics, anar a passejar o mirar plegats la tele al vespre: «Només que tingui cinc minuts lliures, ja està a l'ordinador. Després, si li dius que s'ha estat una hora o dues, et diu que només han estat cinc o deu minuts.» És freqüent que els addictes a la informàtica perdin la noció del temps quan estan davant la pantalla, fins i tot els professionals informàtics tenen moltes dificultats per controlar el temps de les seves tasques, com veure'm en un apèndix que introduirem en aquesta història.

La Margarida havia descrit una situació que ultrapassava els símptomes d'una addicció a la feina. Tot indicava que en Valentí, que devia ser hàbil amb l'ordinador, per raó de la seva feina havia descobert els aspectes lúdics que la informàtica tenia i havia començat a consumir noves tecnologies de manera descontrolada i obstinadament intensiva. Alguns han definit aquesta situació com una addicció a la informàtica i d'altres, més específics, ja parlen de l'addicció a la xarxa Internet.

Vaig demanar a la Margarida que vingués amb el marit. Ella s'esperava que li ho proposés, però, al mateix temps, tenia la lleu esperança de poder resoldre el conflicte només amb algun consell, així s'estalviaria haver-li de dir que havia vingut a la meva consulta a parlar d'ell. De totes maneres, em va assegurar que no hi hauria cap inconvenient, atesa la personalitat oberta i comprensiva d'en Valentí.

Així va ser. Al cap d'uns quants dies el tenia al meu despatx. Decidit des de bon començament, va portar la iniciativa de l'entrevista: «Sé que la Margarida ha vingut a veure'l a causa de la meva afició a l'ordinador». En la seva afirmació hi havia un lleu to de disculpa i el desig de treure importància a la seva conducta. A més, calia esperar que comencés un atac moderat contra la seva esposa acusant-la d'exagerada i de falta de comprensió. Així va ser. Per a ell, el que feia era del tot inofensiu i, per tant, no tenia sentit que la Margarida s'ho agafés d'aquella manera, fins al punt d'arribar a demanar ajuda a un professional.

Vaig interessar-me per si l'esposa havia exagerat en la seva exposició i vaig veure que no. Va admetre que havia passat moltes nits connectat a la xarxa Internet: «Em descansa més que dormir, la meva feina és molt absorbent i em cal distreure'm. Quan no puc dormir, em poso davant l'ordinador, no crec que sigui res greu, ella dorm.» De moment no vaig fer cap judici valoratiu. Segurament, en no sentir-se atacat, va anar explicant-me el que representava per a ell poder-se connectar. Admetia que si algun dia anava al cine amb la seva dona es passava l'estona mirant el rellotge i comptant l'estona que li faltava per poder tornar-se a connectar. Va explicar-me que s'havia comprat un telèfon mòbil per tal de poder estar localitzable quan tenia la línia ocupada per la connexió. Algunes vegades ell era a casa i la seva dona a la feina. Si ell es connectava, el telèfon comunicava, fet recriminat per ella en no poder-se comunicar. També havia hagut d'amagar les factures telefòniques per tal d'evitar motius de queixa per part d'ella. Les despeses que li ocasionava la seva afició eren considerables.

Un cop es va haver confiat, vaig preguntar-li fins a quin punt la seva afició l'apartava d'altres interessos: «Té raó, però m'obre altres portes apassionants». Els avantatges indiscutibles de la xarxa de comunicacions són molt valorats per la persona que els descobreix i, alhora, constitueixen un pretext per a la seva conducta. Vaig intentar fer-li veure que el problema no era la xarxa Internet, sinó la mesura del seu ús i del desplaçament que aquest feia d'altres coses transcendentals en la seva vida. Va admetre que havia disminuït de manera considerable el seu desig sexual per la seva esposa, que amb prou feines es posava en contacte amb la seva família, que no trucava als amics i que fins i tot era possible que a la feina se li notés una certa manca d'interès, encara que això ho va admetre més com a por d'una cosa que li podia arribar a passar que acceptant que ja fos una realitat.

Vaig intentar fer-li veure que tota mena de comportaments addictius resulten anorreadors per a la persona en la mesura que anul·len la seva llibertat o la condicionen en gran manera. En Valentí era llest i, sobretot, pràctic. Va adonar-se que, a causa del seu comportament, estava posant en crisi el seu matrimoni amb la Margarida: «L'estimo de debò i no creia que l'afectés tant que jo estigués connectat passant-m'ho bé.» També va arribar a admetre que era possible que la seva afició addictiva pogués tenir, a la llarga, una repercussió a la feina: «De debò que no em sento cansat després de passar hores davant la pantalla, però entenc que el que vostè diu pot arribar a ser veritat amb el temps.» Tot plegat va fer-lo decidir a modificar la seva dedicació a l'ordinador. Amenaçat per la seva dona, van acordar que durant la setmana no entraria al despatx on el tenia i que durant el cap de setmana només ho faria quan ells dos hi estiguessin d'acord.

No he vist més el Valentí. Al cap d'uns mesos vaig tenir l'ocasió de veure la Margarida, que va venir acompanyada de la mare per parlar d'un problema referent al seu pare. Vaig aprofitar l'avinentesa per preguntar-li com estava en Valentí i va contestar-me: «Bé, ell és molt quadrat. Quan va sortir d'aquí es va fer un programa, me'l va consultar, jo li vaig dir que em semblava bé i mai més, que jo sàpiga, s'ha escapolit del que vam pactar». Hi ha individus capacitats per actuar com en Valentí, són capaços d'imposar-se el que sigui i ho compleixen al peu de la lletra, fins i tot quan els atrapa alguna addicció els és possible recórrer a la seva convicció per deixar-la, són d'aquells que poden deixar de fumar si s'ho proposen fermament. Conec d'altres addictes a la informàtica que no han pogut resoldre el problema tan radicalment com en Valentí. Per aconseguir-ho ha calgut fer un tractament.

Abans els anunciava que hi afegiríem un apèndix que es correspon a una situació que, com totes les exposades, és real, però que compta, en aquest cas, amb la complicitat de molts oients de Catalunya Ràdio que van escoltar un programa del passat mes de maig.

Parlant amb en Carles Pérez, director i conductor del programa «La solució» de l'esmentada emissora, va explicar-me el cas d'un conegut seu que havia tingut problemes a causa d'una afició desmesurada per l'ordinador. Vaig comentar-li que hi havia casos, com el que acabo d'exposar, i diversitat de situacions psicològiques conflictives degudes a l'ànsia d'estar al dia de les noves tecnologies. No s'ho va pensar gens i va proposar-me dedicar un programa a aquest tema.

El format del programa consisteix en un diàleg inicial en el qual s'exposen els trets fonamentals del tema de què es vol parlar, a continuació els oients tenen l'oportunitat d'efectuar els seus comentaris i, després d'escoltar de sis a set trucades, es fa un breu comentari particular a cadascuna d'aquestes i un de general al conjunt de les trucades:

Per tal de fer comprensible al lector el contingut de les trucades exposaré un breu resum del diàleg introductori.

En primer lloc, vaig voler deixar clar que, en la meva opinió, el progrés és útil a l'ésser humà per tal de poder realitzar amb més comoditat i rapidesa la seva feina. En cap moment no vam mostrar-nos contraris a la informàtica ni a d'altres avenços tecnològics, ans al contrari, ja que vam constatar que ens cal aprendre a viure amb ells. Avui dia cada vegada hi ha més persones obligades a entendre's amb un ordinador, un fax, un telèfon mòbil, etc., per raons de la seva feina. També es va exposar que aquests estris podien afectar l'equilibri psicològic de les persones: es va fer referència al perill de l'addicció i a la limitació de la capacitat de relació amb les persones més pròximes, malgrat afavorir la relació mediatitzada amb les llunyanes. Fins i tot en l'aspecte laboral, les tecnologies limiten la comunicació verbal directa i donen prioritat a la mediatitzada.

Vam fer referència, també, al neguit que la rapidesa amb què apareixen noves tecnologies provoca en els qui, per la seva feina, estan obligats a estar al dia. Com que tot canvia amb tanta rapidesa, costa molt tenir la sensació d'estar al dia i de dominar una determinada activitat.

Finalment ens vam referir a un fenomen que sembla afectar una majoria d'informàtics: la dificultat en la percepció del temps. Aquest sovint els passa sense adonar-se'n, poden arribar sistemàticament tard a les trobades o deixar de fer coses.

A partir d'aquell moment en Carles Pérez va donar pas a les trucades dels oients.

La primera venia del Maresme. Era la veu d'un home jove, pare d'un nen de deu anys. Va explicar-nos que ell només utilitzava un telèfon mòbil en la seva feina; era representant i tan sols emprava l'ordinador quan anava a l'oficina: «La feina personal encara no l'he informatitzada.» Però va mostrar-se entusiasta de l'ordinador i, segons deia, l'utilitzava per relacionar-se més amb el seu fill: «Ens passem els diumenges junts, a tots dos ens agrada i això fa que tinguem molt bona relació, malgrat les queixes de la meva esposa.» En veure que l'ordinador l'acostava al seu fill es va mostrar una mica en contra del que jo havia dit en afirmar que la informàtica podia ser un fre a les relacions interpersonals. Era evident que no parlàvem del mateix tipus de relació. El nostre comunicant va mostrar-se engrescat per la xarxa Internet, a la qual tot just acabava de connectar-se: «Amb les seves possibilitats el meu fill aprendrà més que a l'escola.» Una exageració, al meu entendre, que podria generalitzar-se si s'arribés a confondre educació amb informació. És evident que a la xarxa informàtica s'hi poden encabir més dades de les que pugui saber un professor, però educar no és tan sols inundar de dades un infant o un adolescent. Sigui com sigui, ben utilitzat, pot ser un bon complement educatiu.

La segona trucada provenia de Vilanova i la Geltrú. El comunicant era un professor universitari, pel que va exposar, força expert en informàtica. Va mostrar-se en general satisfet pel que s'havia dit, però va insistir en la preocupació que li causava el desenvolupament tecnològic. Va explicar que tècnicament es tenien coneixements per poder oferir un canvi encara molt més ràpid del que estàvem vivint i que, si no es feia, era perquè es considerava que els mercats no podien resistir tanta rapidesa innovadora: «Ningú no compraria res si sabés que al cap d'uns mesos ja s'haurà fet vell.» Va palesar el neguit per estar al dia i va admetre que ell havia tingut greus problemes de relació per la quantitat d'hores que esmerçava davant l'ordinador. Va acabar dicnt que calia tenir control d'un mateix i voluntat per no deixar-se «monopolitzar per l'ordinador».

La següent trucada la feia un home jove que, per començar, va dir-nos que treballava d'informàtic. Les seves primeres paraules van ser contundents: «Té raó el doctor, els informàtics som persones molt estranyes. Encara ha fet curt.» Va dir que ell havia perdut amics per culpa de passar caps de setmana sense fer altra cosa que estar amb l'ordinador. Va expressar molt fidelment la pèrdua de la noció de la temporalitat i va afegir dues dades: la primera, que ell entenia que una dedicació com la seva constituïa una interferència en la vida afectiva, en el seu cas era una interferència per iniciar-la: «Amb prou feines em moc de casa durant els caps de setmana i, si em trobo amb amics, som tots del mateix ram i només parlem de temes relacionats amb la nostra afició»; la segona va ser que ell considerava que la dedicació a la informàtica modificava el pensament de la persona: «T'acostumes a veure la realitat des de la perspectiva de la lògica i tot el que no es regeix per ella et costa d'acceptar-ho.» Va acabar admetent que entenia que els altres els veiessin com «uns caps quadrats». Aquesta manera de pensar també els allunyava de les emocions i l'afectivitat perquè, en les relacions interpersonals, no tot és analitzable. El to de la trucada era jovial, mantenia una capacitat crítica envers el seu comportament que, segurament, li seria útil per modificar-ne alguns aspectes.

La quarta trucada provenia d'una dona que es declarava partidària fervent de la informàtica: «A mi m'ha canviat la vida.» Segons va explicar, treballava de secretària en un despatx on, abans de ser informatitzat, era molt difícil entredre's'hi: «Ara és glòria.» Va donar-me la sensació que havia copsat un to de crítica envers la informatització i va voler palesar la seva opinió de manera radical afegint un comentari contundent: «Sempre hi ha qui és contrari al progrés, són els qui volen conservar les coses com són per poder-les seguir dominant.» No deixa de tenir raó en la mesura que alguns dels qui s'oposen sistemàticament al progrés ho fan per raons de conservadorisme i de por de perdre alguna part del poder que tenen o que els sembla que tenen. Cal considerar que no pocs empleats, quan s'ha informatitzat l'empresa on treballen, han vist reduït el seu paper i han perdut el poder que els donava tenir més informació que els altres.

La següent trucada va ser la d'un entusiasta coneixedor del món de les noves tecnologies. Va parlar-nos d'un futur —ell el veia ja immediat— en què l'ordinador seria la peça clau de la casa. Amb ell es podrà comprar tot, es podrà conèixer com és l'hotel que es vol contractar per passar uns dies, es podrà escoltar música, programar el que vols veure a la televisió: «Viurem pendents de la pantalla i això no té per què ser dolent. Ens estalviarem tanta feina que tindrem molt més temps per dedicar als altres. A més, s'obriran molt els nostres camps de relació. Ara tenim el fax i el telèfon; amb el correu electrònic podrem comunicar-nos amb tot el món i de manera immediata. S'obren possibilitats i no se'n tanquen.» És possible que tingui raó, tot sembla indicar que el futur va pel camí que ens exposava. En tot cas, caldrà alertar sobre la virtualitat del tipus de relació que es pot mantenir amb una persona a la qual no coneixes personalment, si bé sembla que aviat podrem veure la cara de la persona amb qui ens comuniquem. El cas és que es tracta d'un contacte interpersonal mediatitzat, que no té, però, per què ser dolent, si més no em semblaria perillós que arribés a substituir les relacions personals tradicionals.

La darrera trucada provenia d'un jove que deia que ell i la noia amb qui surt treballen d'informàtics i que des de feia alguns mesos es comunicaven per Internet moltes nits. Es mostrava un ferm partidari de la utilització de tota mena de recursos que les noves tecnologies poguessin aportar, però va apuntar un neguit: «Jo sóc dels qui m'agrada tenir tot allò que surt, ho compro així que puc i em molesta molt que al cap d'uns quants mesos el preu es redueixi tant.» Va posar l'exemple d'un telèfon mòbil que va adquirir: «Al cap d'un any valia deu vegades menys.» En Carles Pérez li va preguntar per què, si ho sabia, no esperava que el preu fos més reduït. Va contestar que no podia, que hi ha aparells que, si en coneix l'existència, se'ls ha de comprar. Aquest és un altre dels efectes del progrés, la facilitat que té per convertir-se en estimulador del consumisme poc racional. És clar que els qui patrocinen les investigacions el que pretenen és que hi hagi compradors per als seus productes.

Normalment, al programa hi truquen més que res dones. La proporció podríem situar-la en un home per dues o tres dones segons el tema tractat. El dia que vam parlar de la informàtica va trucar una sola dona, la resta eren homes. Es va invertir molt la proporció. Com vèiem en l'apartat dedicat a la dona i la feina, encara hi ha unes feines que són sobretot masculines mentre n'hi ha d'altres on predominen les dones. Encara que en molts camps professionals assistim a una inversió de les proporcions, les feines d'investigació i les que demanen curiositat per les tecnologies punta encara tenen un predomi masculí, si bé assistim a una tendència progressiva a igualar-se. Avui dia, a Catalunya, el nombre de dones que estudien carreres tècniques representen, aproximadament, el vint per cent del total de l'alumnat, la qual cosa significa triplicar els percentatges de fa vint anys.

És evident que si parlem de noves tecnologies no ens hem de limitar a les innovacions en el terreny de la informàtica. La indústria, la medicina, els mitjans de comunicació, l'automoció, l'agricultura i la ramaderia, la construcció i una llarga llista d'activitats humanes s'estan modificant sense parar a causa de l'aparició de noves possibilitats lligades al progrés tecnològic. He triat situacions vinculades a la informàtica per dues raons: la primera és que el canvi que ha produït la informàtica ha estat, segurament, el més espectacular de la darrera part del segle XX i, sens dubte, el que més repercutirà en la nostra vida quotidiana; la segona és que ens afecta, gairebé de manera universal, a tots, fins al punt que, en un futur no gens llunyà, les persones que no tinguin unes mínimes habilitats informàtiques seran considerades analfabets de segona generació o «analfabets informàtics», com es comença a dir, i els serà molt dificultós, no tan sols trobar feina, sinó deseixir-se en el món que s'acosta. Avui dia hi ha cada vegada menys llocs de treball que es puguin exercir sense una pantalla i un teclat.

Pel que fa a les repercussions psicològiques, cal destacar que hi ha qui contempla amb ulls molt crítics els efectes del tipus de vida que ens pot aportar un món extraordinàriament tecnificat. L'alarma més insistent se situa en la possibilitat de deshumanitzar les relacions interpersonals, es recalca que es corre el perill de mediatitzar tota mena de contacte humà i es creu que, en mediatitzar-lo, es deshumanitza. Penso que cal ser prudent a l'hora de valorar aquestes repercussions. Posant un exemple que ja és universal en el món actual, podem referirnos al telèfon. És evident que una conversa telefònica no té el mateix caliu afectiu que una conversa cara a cara, però ens podem formular la pregunta de si el telèfon ha servit per millorar la comunicació entre les persones i segurament estaríem tots d'acord a dir que sí. El parany se situaria en la substitució sistemàtica de les relacions interpersonals per les mediatitzades per aparells. Així doncs, és més una qüestió de l'ús que es faci de la tecnologia que se'ns posa a les mans. El que no deixa de ser veritat és que ens serà més fàcil viure esquivant la relació humana i que, si es cau en el parany, ben segur que haurem empobrit una part de les possibilitats afectives de la vida.

Una altra situació paradoxal sorgeix en relació amb la utilització del temps. Tot semblaria encaminat a aconseguir més temps lliure per poder gaudir-ne i veiem que no és així. Allò que semblaria destinat a estalviar temps acaba «fent-lo perdre». És ben preocupant la pèrdua de la noció de temporalitat que podem generalitzar en la majoria de persones que treballen en la informàtica (cal diferenciar aquests dels que utilitzen la informàtica en la seva feina). Tan sols un aprenentatge que els permeti un autocontrol possibilitarà la recuperació del domini sobre el temps, aspecte molt important per poder portar una vida amb un cert equilibri personal. Si el temps domina la persona, aquesta té serioses dificultats per organitzar la resta de la seva vida. La promesa d'un informàtic m'explicava: «Quan em diu que ve al cap de mitja hora, l'espero al cap de dues hores. És excepcional que sigui puntual si ve de la feina.» És clar que hi deu haver qui es limita a complir un horari, però ja hem dit que aquests tenen poca cosa a fer en la societat que ens espera.

N'hi ha que acusen les noves tecnologies de deshumanitzar les relacions humanes en el terreny de l'assistència sanitària. És cert que la medicina tradicional, que no disposava de cap altre element diagnòstic que el contacte personal entre el metge i el pacient, permetia una relació més estreta; però també ho és que la quantitat d'errades era, inevitablement, més elevada. Que un acte mèdic o assistencial tingui l'adequat caliu humà depèn molt més de l'actitud del professional que del tipus de tecnologia que utilitzi. És perfectament possible establir una bona relació amb una persona a qui cal una exploració tècnicament sofisticada i una de dolenta amb qui cal fer una auscultació o palpar la panxa. És cert que, sobretot en algunes situacions d'urgència, el malalt pot veure's tractat com un element impersonal, alhora que és sotmès a un seguit de proves que l'angoixen i l'atabalen. Sigui com sigui, mentre l'exploren probablement estiguin fent un diagnòstic que permetrà salvar-li la vida. El que fa falta és una explicació adient i humanament propera per part del personal sanitari, que potser no ho fa per manca de delicadesa i sensibilitat o, com passa en la majoria d'ocasions, per manca material de temps en treballar en una situació d'extrema exigència, manca de personal sanitari i saturació dels serveis. El problema, si ens hi fixem bé, no té res a veure amb les noves tecnologies, té relació amb una organització assistencial que obliga a atendre més pacients dels que pot.

Cal tenir clar que les noves tecnologies han permès salvar moltes vides i estan cridades a salvar-ne encara més. Si en el terreny de la medicina aquest fet resulta evident, els efectes benefactors s'amplien a molts altres terrenys. La seguretat dels vehicles que conduïm no té res a veure amb la que tenien fa cinquanta anys. També la disminució dels accidents laborals està relacionada amb l'aplicació de noves tecnologies. Al marge de crítiques menors, els efectes positius del progrés són inqüestionables.

Ara bé, cal plantejar-se si la capacitat humana d'integrar noves formes de viure podrà seguir el procés de metabolització actual. Comparant la manera de viure del començament del segle xx amb la del final d'aquest ens podem neguitejar. A més, l'acceleració de l'aportació tecnològica sembla créixer en progressió geomètrica. La pregunta que formulaven algunes persones grans en veure els inicis del progrés: «On anirem a parar?», és de molt més difícil resposta en els moments actuals. El cert és que la capacitat d'adaptació humana s'ha demostrat molt més àmplia del que s'havia pensat. Recordem que, en els primers decennis del segle xx, alguns es preguntaven si el cos humà podria resistir anar a velocitats superiors als cent quilòmetres per hora...

Com escriu el prestigiós informàtic català Santiago Solà, impulsor de la connexió a Internet de dades de tipus mèdic: «Segurament cap ciutadà que tingui més de quaranta anys no havia pensat que necessitaria un ordinador, un fax o un telèfon mòbil per fer la seva feina. Avui els hem incorporats com a elements quotidians del nostre paisatge domèstic i professional.» L'article continua analitzant les resistències que inicialment reben els analistes informàtics a l'hora de convèncer l'usuari dels avantatges de la utilització de determinades tecnologies; però, alhora, assegura que quan se supera la primera por del canvi, l'adaptació a la transformació que comporta la incorporació de les noves tecnologies s'efectua molt més ràpidament del que podria pensar-se. Des del pensament filosòfic s'ha alertat dels perills de la «velocitat» amb què hem d'adaptar-nos als canvis. R. Panikkar apunta que l'ésser humà s'ha concebut per viure a un ritme diferent del que li ve imposat per la societat tecnificada. Creu que és possible que la biologia no es ressenti de l'acceleració de vivències, però assenyala que «els efectes psicològics són imprevisibles» i destaca que, si més no, la repercussió haurà de notar-se a l'hora de viure els coneixements amb menys arrelament: «No és el mateix viatjar que desplaçar-se, no es coneix tant una ciutat si un hi arriba caminant que si hi arriba en tren; no parlem ja de fer-ho en avió. La velocitat ens impedeix entrar en les essències de les coses. Podem dir que coneixem més, però de cap manera coneixem més a fons.» La posició del filòsof, a més de ser assenyada i prou raonable, ens alerta sobre una realitat que, al meu entendre, és inqüestionable: la vida actual ens porta cap a una forma de coneixement diferent del de segles anteriors. La quantitat d'informacions possibles és tan extensa que esdevé impossible integrar-la com a coneixement, tan sols podem accedir a saber-ne l'existència i tenir-la emmagatzemada en un lloc localitzable. En viure més de pressa no ho fem tan acuradament, no aprofundim tant en res; en utilitzar la tecnologia ens anem acostumant a la virtualitat. El perill no és l'accés a allò que és virtual; el perill és deixar de viure experiències reals amb implicació i compromís personals.

Un dels efectes de l'allau de noves tecnologies que més implicació pot tenir en la vivència personal és la producció d'estrès en les persones que, per imperatius laborals o per desig propi, necessiten estar constantment al dia. La sensació de poder quedar desfasat al més lleu descuit pot influir, com és fàcil d'entendre, en l'estat emocional i en la generació de la dedicació a posar-se al dia, dedicació que crea dependència. La incertesa i la inseguretat que origina el fet de tenir motius per dubtar dels propis coneixements fa viure en permanent neguit. A més, a causa de la incessant renovació tecnològica, els coneixements envelleixen amb tanta rapidesa que un professional pot sentir-se fàcilment desplaçat per un altre de més jove que hagi rebut una formació més actualitzada. L'alteració de l'ànim que aquesta situació provoca incrementa el neguit que descrivia en l'apartat anterior. Tot sembla indicar que ens endinsem en uns temps en què caldrà una adaptació permanent a les situacions que se'ns presentaran de manera difícilment previsible. L'únic que sembla garantit és que tot canvia molt de pressa i que ho continuarà fent cada vegada més. El repte és adaptar-s'hi sense que fer-ho impliqui haver de dimitir d'altres aspectes de la condició de persona. Recordem els testimonis que van trucar a Catalunya Ràdio ratificant l'opinió que determinades activitats comporten una predisposició a limitar les capacitats afectives. Tan sols adonant-nos del parany el podrem esquivar.

Pel que fa a l'activitat laboral, ja he apuntat el parany que pot representar l'anomenat «teletreball» o la possibilitat d'efectuar la feina des de la pròpia llar amb la utilització dels recursos que forneixen les noves tecnologies. En l'informe Bangemann, elaborat l'any 1994, es van valorar molt favorablement les possibilitats que ofereixen les vies de comunicació que permeten interconnectar amb gairebé tot el món. Però no tot són avantatges.

El fet de realitzar la feina a casa elimina transports, crea un horari flexible, dóna una sensació de més autonomia respecte a la feina; però, en canvi, pot comportar, com assenyalava abans, una esclavització molt considerable al treball. Em deia una economista que fa uns quants anys que treballa d'aquesta manera: «Si no hi ha molta feina, és una manera de treballar satisfactòria, va bé poder fer-la des de casa i et pots organitzar millor. Però quan n'hi ha molta, és aclaparador, no pots oblidar-te de la feina ni un minut al dia i, si treballes en una multinacional com jo, a tota hora pots rebre ordres..., el fax no para.» M'explicava que a mig dinar s'alçava de la taula per llegir un fax, contestar un missatge a la bústia electrònica: «Et passes el dia pensant en la feina.»

Tot apunta que les noves tecnologies tenen la seva màxima repercussió en la modificació que viuran les comunicacions, de les quals, segurament, la més espectacular fins ara ha estat Internet, però no és l'única. S'espera, per a la pròxima dècada, coincidint amb el canvi de segle, una integració de tres paradigmes de la comunicació: la telefonia de veu, la televisió per satèl·lit i per cable i les xarxes informatitzades de comunicació com Internet. Tot indica que particulars i empreses podran utilitzar tots aquests serveis mitjançant una única connexió. La seva utilització modificarà substancialment la vida quotidiana de la majoria de la població. Els videotelèfons bidireccionals i les videoconferències seran tan normals com ho són ara els telèfons. Es podran transmetre documents de treball amb gran rapidesa, el comerç també podrà experimentar transformacions espectaculars, alguns anuncien, per als primers vint anys del segle que ve, la desaparició del paper moneda i de les monedes, totes les transaccions seran electròniques i les comandes podran fer-se des de casa mitjançant l'ordinador. Viure serà diferent.

Es fa difícil pensar que amb la gran quantitat de possibilitats de comunicació mediàtica no se'n ressentin les capacitats de relació interpersonal directa. Llegia, no fa gaire, en una entrevista a un impulsor de les anomenades autopistes de la informació, que, mitjançant la seva utilització, s'eliminaria la sensació de solitud que poden tenir molts treballadors a les seves oficines; fins i tot parlava de la possibilitat de millorar la comunicació sindical entre els treballadors. Havent deixat clar que sóc partidari del progrés i, per tant, de la seva utilització per part de les persones en les seves múltiples activitats, penso que és perillós, a l'hora de cercar més aplicacions de les que ofereixen, voler presentar-nos aquest tipus de comunicació com una resposta que alleugereixi l'atomització en què tendim a viure en el món actual. No tinc res a dir pel que fa a la comunicació via Internet, o com sigui, amb altres persones d'altres indrets amb qui no es disposa d'altre punt de contacte que el fet d'estar «connectat»; fins i tot pot ser, per què no?, un element molt enriquidor. En canvi, no podem admetre pensar que amb la tecnologia substituirem les relacions interpersonals directes. Si fos així, hauríem perdut més que guanyat.

Una dada pot resultar de força interès a l'hora d'analitzar la integració, per part de la persona, de les noves aportacions tecnològiques. Fins no fa gaire la tècnica anava responent a les successives necessitats que tenia l'ésser humà.

El foc va permetre menjar productes cuits i la roda va facilitar els desplaçaments, per posar un parell d'exemples. Des dels invents més primitius la tecnologia ha anat responent a les necessitats o a les inquietuds capricioses de l'individu. L'auto va permetre l'experiència de la velocitat; l'avió, el desig de volar. Tanmateix, la rentadora, el tractor, l'aspiradora i tants altres aparells, han permès alleugerir les feines feixugues i guanyar molt de temps a l'hora de fer-les. Fins no fa gaire podia dir-se que la tecnologia estava al servei de les persones, s'inventava allò que s'esperava que s'inventés.

Ara, en canvi, moltes de les ofertes que ens arriben susciten un refús inicial; no sabem per a què serveixen ni tenim clar que sigui útil el que ens ofereixen. Hi ha coneixedors de les possibilitats de les noves tecnologies que afirmen que algunes no es donen a conèixer ni es llancen al mercat perquè es creu que no hi tindrien una bona rebuda, els cal frenar la introducció de productes amb la finalitat de tenir temps per crear la necessitat.

Aquest fet permet esperar un constant degoteig de noves aportacions que modificaran la manera de viure de la societat occidental, principal consumidora de les noves tecnologies. Hi ha dues reflexions que considero fonamentals en aquest punt. La primera és que per molt que es modifiqui el tipus de vida, el que es veu afectat és l'actuació de les persones. Les tecnologies poden, si volem, ajudar-nos en el que fem, però no alteraran el nostre ser si ens mantenim alertats. La vida podrà tenir formes de ser viscuda insospitades fins ara, però l'essència personal de qui manegui els estris serà la mateixa. Tant de bo el guany en forma de temps que sembla desprendre's de les noves possibilitats permeti aprofundir en el propi coneixement i que l'increment d'informació s'interioritzi per motivar-nos culturalment i enriquir-nos com a persones. La segona reflexió fa referència al paper alliberador que, per als països subdesenvolupats, poden arribar a tenir les noves tecnologies. L'aplicació dels nous recursos pot afavorir una emancipació progressiva del Tercer Món pel fet que les noves formes de comunicació no demanen grans inversions. Si el Primer Món no pot frenar la democratització de la informació, i tant de bo no ho faci, es pot donar el primer pas cap a una igualtat que, presumiblement, permeti un procés emancipador dels pobles pobres. També hi hauria el perill que s'utilitzessin per augmentar els privilegis dels més rics. De moment sembla que esdevé molt difícil posar barreres legals a les autopistes de la informació, la qual cosa no deixa de ser engrescadora.

Seria desitjable que sabéssim —tots plegats en l'àmbit personal, i qui pugui en el públic—, aprofitar per al desenvolupament personal l'allau de possibilitats que la tecnologia ens forneix i, amb tota seguretat, ens continuarà fornint en el futur. Només així té sentit progressar.

L'AGRESSIVITAT I LA VIOLÈNCIA

Fa prop de cinc anys que els pares d'en Jaume van venir a veure'm per primera vegada confiant trobar unes respostes miraculoses que modifiquessin el comportament del seu fill. Van venir sense l'interessat. «Ens hauria agradat molt que ell acceptés venir, però no ha volgut de cap manera.» Segons sembla, l'argument del noi va ser que ja havia anat a altres consultes psiquiàtriques i no li havia servit per a res.

En Francesc i la Teresa van començar a preocupar-se pel seu fill quan els van avisar de l'escola i els van dir que el nen no seguia les normes, anava a la seva, no feia cas de les indicacions i, si el castigaven, no semblava immutar-se gaire: «Ens deien que era força llest, però que no volia estudiar.» Això va passar quan tenia nou anys. El van portar a la consulta d'un conegut psiquiatre infantil que, després de fer un estudi electroencefalogràfic i una exploració piscològica, va comunicar als pares que el seu fill no patia cap patologia psíquica, va confirmar que la seva intel·ligència podia considerar-se normal-alta i que, per tant, no hi havia motius que justifiquessin les males notes que obtenia. La conclusió del professional va ser que calia modificar el tracte que tenien els pares envers ell i els va donar un seguit d'instruccions per tal d'educar-lo «millor»; també va proposar una teràpia psicològica per a en Jaume.

Va costar molt que en Jaume accedís a anar a la teràpia un dia a la setmana. Cada vegada que tenia hora trobava algun pretext per no anar-hi i, si finalment hi accedia, no participava en les propostes que li feia la terapeuta i en tornar a casa deia als seus pares que estaven perdent el temps i els diners. Finalment els va convèncer i van deixar el tractament. Ell, potser per aconseguir que el deixessin tranquil, va millorar una mica el comportament i el rendiment escolar. Els pares van voler creure que havien aconseguit superar el conflicte.

Quan tenia onze anys van tornar a avisar-los de l'escola per insistir en el comportament indolent d'en Jaume i per exposar els conflictes que la seva agressivitat provocava en la relació amb els companys. Una mestra assenyada els va explicar que era un noi que entenia bé les reflexions que se li feien, però que després actuava com si no se li hagués dit res. «Ens va dir que discutia amb tota la classe per qualsevol cosa, que cada vegada que anaven al pati tornava malhumorat i havent insultat o agredit algun company.» En Jaume no tolerava perdre, no tolerava que li portessin la contrària, a més, el cos atlètic que se li estava formant acabava d'arrodonir unes condicions que afavorien la seva fatxenderia. La mestra els va proposar que el portessin a un psicòleg. Això va alarmar els pares, els quals recordaven les dificultats que havien tingut per portar-li abans, quan encara el podien dominar una mica.

Van insistir per convèncer a en Jaume de la conveniència d'anar al psicòleg i, alhora, tant el pare com la mare van esforçar-se a parlar reiteradament amb el fill per fer-li veure la inconveniència del seu comportament. Segons explicaven, ell els contestava que tenien raó, però que quan estava amb els companys no es podia aguantar. Això ho admetia després de donar la culpa als altres i de considerar-los «cretins o imbècils». Finalment va accedir a tornar a parlar amb el psiquiatre que l'havia visitat dos anys abans, però no amb la terapeuta. «Li semblava que era més important parlar amb ell», va comentar-me la mare, i va afegir: «Ens va dir, abans d'anar-hi, que ho faria una sola vegada.» Així va ser i, com és lògic, va servir de ben poca cosa. «Aquell doctor, després, quan hi vam anar nosaltres, ens va dir que en Jaume ens portaria molts problemes.» En aquest punt els pares mostraven un cert enfrontament: la mare acusava el pare de no haver donat gaire crèdit a les paraules del professional i el pare atribuïa els comportaments desadaptats del fill a una actitud massa tolerant de la seva esposa. Aquesta situació sol ser molt freqüent entre els pares de nois o noies amb problemes de comportament.

Segons van explicar-me, quan feia setè de bàsica —era abans de la reforma— el van expulsar de l'escola i els van recomanar que el portessin a un internat. Els pares no hi van accedir i van buscar una nova escola de tarannà liberal, que «tolerés millor les actituds del seu fill». Després de repetir setè va fer vuitè amb èxit. «Creiem que el van aprovar per treure-se'l de sobre.» A la mateixa escola els van dir que el noi tenia capacitat per fer el BUP sense dificultats, però que li caldria canviar d'actitud envers els estudis i els companys si volia tirar endavant en els estudis.

Quan jo els vaig conèixer estava repetint primer de BUP en un institut. Primer ho va intentar en una escola privada i, després d'un curs ple d'incidents i conflictes de tota mena amb professors i companys, va suspendre totes les assignatures i el van expulsar de l'escola. El pare manifestava el seu desconcert envers el comportament del fill i, alhora, intentava projectar en l'escola una manca de capacitat per avaluar-lo adequadament: «Ni la gimnàstica van aprovar-li. Estic segur que era el més fort i atlètic de tota la classe.» Els vaig comentar que els professors, encara més en aquest tipus d'assignatura, a part de valorar les aptituds, valoren les actituds, i si el seu fill havia tingut un comportament conflictiu es podia justificar que la nota final hagués estat insuficient. Aquest comentari va servir per iniciar un seguit de greuges sobre la conducta del fill, pare i mare es prenien la paraula l'un a l'altra per tal de donar-me una idea prou exacta dels desgavells que provocava en Jaume.

Des de feia més d'un any havia deixat de sortir amb els companys de l'escola i s'havia fet amic d'un grup de nois i noies que tenien, pel cap baix, dos anys més que ell. Els havia conegut al poble on habitualment passen l'estiu: «Tot va ser començar a anar amb aquests que va començar a fumar i a voler sortir de nit.» Tant el fumar com, sobretot, les sortides nocturnes són elements de preocupació paterna, en aquest cas, pel que anaven explicant, força justificada: «No serveix de res que no el deixem, ens planta cara i finalment se surt amb la seva.» Els pares demostraven estar del tot superats pel comportament d'en Jaume.

Sense que jo hagués de formular gairebé cap pregunta, van anar explicant-me tot allò que constitueix un comportament desadaptat d'un jove de quinze anys: les sortides nocturnes anaven acompanyades de considerables ingestes d'alcohol que el feien tornar a casa tard i en mal estat, s'inicià en el consum de droga: «Ens sembla que només són porros, però ja no estem segurs de res, ell no vol parlar amb nosaltres d'això, però quan li preguntem no s'està de dirnos que en pren i diu que no tenim dret a posarnos-hi, que ell ja sap el que es fa.» Aquest tipus de resposta també és habitual entre els nois que s'inicien en el consum de droga. Consideren que els pares i els adults en general són exagerats a l'hora de parlar dels efectes de la droga i que ells són molt capaços de dominar la situació, per això no és estrany que en Jaume no acceptés cap mena de consell ni influència paterna en aquesta qüestió i comencés a actuar refusant tota mena de consell dels pares amb una actitud menyspreadora malgrat aprofitar-se d'ells sempre que podia: «Al començament de l'estiu passat li vaig dir que si canviava d'amics li comprava una moto, m'ho va prometre i quan va tenir-la, al cap d'una setmana, tornava a anar amb els mateixos.» Intentar «la compra de conductes» es pot comprendre des de la desesperació paterna, però mai no sol ser un mecanisme útil per aconseguir la modificació desitjada del comportament.

Segons explicaven els pares, l'evolució del noi els havia sorprès per la rapidesa amb què s'havien complicat totes les coses. Per a ells pràcticament no havia passat temps d'ençà que havien fet la consulta al psiquiatre que els havia pronosticat les dificultats. El cas és que, en aquesta edat, en tres o quatre anys s'efectua un considerable procés d'arrelament dels trets de la personalitat. També en els nois i les noies que no presenten trastorns en el comportament el canvi és molt considerable a la primera part de l'adolescència.

Pel que fa al comportament domèstic i a les relacions amb les germanes —tenia dues germanes més grans que ell—, els pares explicaven que darrerament procurava passar molt poc temps a casa. «Com si no s'hi estés bé»; i si estava a casa, es tancava a la seva habitació i escoltava música. Molt excepcionalment mirava la tele amb la família. Per això i pel significat de la seva exclamació, els pares recordaven que casualment van coincidir un dia que a la televisió explicaven la notícia d'un crim col·lectiu comès als Estats Units. En Jaume va mostrar admiració per l'assassí i va manifestar que li agradaria tenir un fusell i poder matar persones. «Ens vam quedar parats i quan la seva germana va dir-li que estava boig, va contestar que tant li feia. Va anar-se'n de la sala tot fent sorolls de metralleta amb la boca i gesticulant com si ens apuntés a nosaltres.»

Va ser una primera visita densa en contingut que em va aportar prou dades per adonarme que es tractava d'uns pares amb la dissort de tenir un fill que presentava un trastorn de personalitat i que havia començat un procés de desadaptació social, el qual, per les dades aportades, tenia l'aspecte de ser greu. Malgrat la meva primera impressió, els vaig comentar que, per poder donar una opinió amb més garanties, em caldria veure el noi. Com era de preveure, els pares em confessaren que ni gosarien dir-li que vingués a veure'm. Davant la seva resposta, els vaig comentar alguns aspectes relacionats amb el tracte amb el noi i em vaig apuntar a l'opinió del meu col·lega sobre el pronòstic poc favorable que es podia preveure.

Cal dir que hi ha un nombre considerable de nois i noies que en la seva vida adolescent tenen moments en què s'enfronten amb l'entorn familiar amb especial virulència i que, posteriorment, recondueixen les seves actituds i comportaments i no presenten greus problemes en el futur. No voldria que cap lector que veiés projectats alguns dels trets d'en Jaume en un fill seu es pensés que l'evolució hauria de ser semblant.

Pel que fa al pessimisme dels pronòstics, calia valorar, en aquell moment, que en Jaume havia estat conflictiu en el seguiment de les normes des de jovenet, que havia fracassat en els estudis, que s'havia adaptat fàcilment als ambients poc normatius i la seva preferència per les actituds agressives i violentes. De fet, un cop coneguda l'evolució posterior del cas, resulta molt més fàcil apuntar-se a una valoració de pronòstic poc favorable. El cas és que, en la pràctica professional, no és infreqüent que, després de parlar amb uns pares, es tingui una impressió negativa del cas i, un cop conegut l'interessat, es modifiqui de manera considerable el pronòstic.

Ens vam acomiadar sense poder concretar gaire l'ajuda que podia donar-los. Tan sols em vaig oferir a veure el noi si ell els ho demanava o hi accedia, però els vaig dir que no hi poséssim gaires esperances i els vaig desaconsellar que el portessin a la força. La psiquiatria o la psicologia tenen recursos per diagnosticar un trastorn de personalitat, però no gaires per guarir-lo. Encara més, no hi ha el criteri que el tracti pròpiament com una malaltia. Em va semblar que entenien el que els deia, però l'efecte de les meves paraules era diferent en l'un i en l'altra. La mare es va quedar desencisada i el pare veia confirmada la seva opinió (segurament, per ell, no haurien vingut). En acomiadar-nos va comentar-me: «Ja sé que si ell no vol, no hi ha res a fer.» Vam quedar que si ells volien venir per exposar-me algun dubte, procuraria ajudar-los en la mesura que em fos possible.

Al cap d'uns quants mesos em va trucar el pare per dir-me que el noi s'havia escapat de casa. Em demanava consell sobre la conveniència d'efectuar una denúncia. En ser menor d'edat, vaig dir-li que si en les vint-i-quatre hores següents no tenien notícies d'ell, anessin a la comissaria. Va ser una conversa molt breu que va continuar al cap d'un mes, si fa no fa, a la meva consulta.

Una altra vegada tenia asseguts els pares d'en Jaume davant meu. El to i el contingut de la conversa van ser molt semblants als de la primera entrevista. En Jaume havia continuat el seguit de desordres en el seu comportament: finalment no va aconseguir aprovar el primer de BUP i, aconsellat per un professor i segurament per tenir una sortida que li permetés continuar vivint com feia, va demanar de fer formació professional. Estava inscrit en un centre i, pel que sabien, amb prou feines anava a classe. Aquest aspecte, però, ja no preocupava gaire els pares.

A part del fracàs en els estudis, en Jaume va continuar amb els amics que, segons els seus pares, eren la causa directa del seu descarrilament. Segons sembla, la colla es va anar diluint, va fer-se molt amic de tres nois i una noia i, de mica en mica, van anar-se incorporant en una altra colla de joves més radicals i, per tant, amb comportaments més difícils de tolerar per part dels pares. El pare es mostrava especialment irritat pel fet que el noi portés dues arracades en una orella, anés amb el cap pelat i la seva indumentària fos «escandalosament provocativa i bruta». De fet, el motiu de la fugida que va provocar la trucada va ser l'aspecte del noi. «Al meu marit li costa molt d'acceptar com va en Jaume. Una vegada va faltar poc perquè li donés una clatellada i aquell dia li va dir que o es canviava i es rentava o no el volia a casa. Ell va riure's del que li deia i sense dir res més que: "com vulguis", va girar-se i se'n va anar.»

Els vaig preguntar si finalment va ser necessari fer la denúncia i em van explicar que no, poc després de la trucada que em van fer els havia trucat la seva amiga i els havia dit que estava a casa seva, que estava bé i que no patissin. Al cap de dos dies va tornar amb el pretext d'anar a buscar un aparell de música i el van convèncer perquè es quedés a casa. Més tard van saber que la mare de la noia li havia dit que no el volia ni una nit més a casa seva.

L'aspecte més alarmant del que explicaven els pares d'en Jaume era la ideologia que anava agafant i el tipus de grups que freqüentava. Tot apuntava que s'estava incorporant a alguna tribu urbana d'ideologia radical. Per al pare, aquest aspecte era poc rellevant: «Ell diu que té idees nazis; a mi em sembla que no en té cap, d'idea. El que li agrada és la gresca i la baralla. Miri, mai no li havia agradat el futbol, ni tan sols se'l mirava per la tele i ara hi va cada diumenge.» Tot el que explicaven reforçava la meva sospita que el noi formava part d'un grup urbà radical, només faltava que m'expliquessin que dedicava moltes hores a fer gimnàstica amb peses i que havia aconseguit un cos molt atlètic amb una musculatura abundant. «Algunes vegades porta la roba estripada i tacada de sang, com si s'hagués pegat amb algú, però mai li hem vist cops forts a la cara ni signes d'haver estat agredit.»

El motiu de l'entrevista, a part de comentarme el final de l'incident de la fugida de la llar, era preguntar-me si em semblaria adient obligar-lo a deixar els estudis i posar-lo a treballar. Era evident que els estudis ja els havia deixat, calia, doncs, proposar-li que treballés i això seria difícil si, com havien fet fins ara, li proporcionaven una paga setmanal per no fer res. Ells tenien la possibilitat de trobar-li feina a l'empresa d'un amic seu que coneixia la trajectòria d'en Jaume i se'ls havia ofert per «intentar encaminar-lo». El meu consell era elemental, era una oportunitat que valia la pena aprofitar, però per tal que el noi es veiés obligat a acceptar calia, prèviament, explicar-li que, com que havia deixat d'estudiar, ja no tenia sentit que anés cobrant cada setmana i que, per tant, li calia treballar, només d'aquesta manera s'avindria a acceptar el seu oferiment. També els vaig suggerir que no li presentessin el projecte de la feina com una cosa ja molt preparada per ells i que procuressin fer-ho de manera que semblés que era ell qui es podia anar a oferir a l'empresa de l'amic, com si ells no hi tinguessin gran cosa a veure. Pel que vaig saber, van aconseguir que treballés un cert temps a l'empresa de l'amic, però hi va durar molt poc.

Vaig tornar a veure els pares d'en Jaume arran d'una crisi d'ansietat que va patir la mare. Ella ho atribuïa a la situació que vivia a casa a causa del fill i també a l'actitud intolerant del marit. Ella s'entestava a creure que la mala relació pare-fill era la causant i la responsable del «mal camí» d'en Jaume: «Si m'hagués fet cas i l'haguéssim portat abans al psicòleg, si haguéssim demanat més ajuda quan encara hi érem a temps...» Em vaig esforçar per fer-li veure que segurament no s'hauria aconseguit gran cosa i que per a aquest tipus de trastorn de personalitat hi ha poques vies terapèutiques. De fet, mai no es pot saber què hauria passat amb una teràpia, però el cas era que ara ja no tenia sentit encaparrar-se amb allò que s'hauria pogut fer i no s'ha fet.

Durant les visites que vaig fer a la mare per tal de guarir els seus problemes d'ansietat, vaig poder conèixer l'evolució d'en Jaume. Com ja he exposat, va durar molt poc a l'empresa de l'amic de la família: «Arribava tard, s'escapolia de les tasques que no li venien de gust i sempre discutia amb els companys de feina.» Encara que l'empresari va tenir molta més paciència de la que hagués tingut amb cap altre treballador, «ens volia demostrar que ell encarrilaria en Jaume», al final va haver de cridar-li l'atenció. L'endemà en Jaume ja no va voler anar a treballar. Va tenir sort: en coincidir l'acomiadament amb l'inici de l'estiu, li van oferir feina com a vigilant en una discoteca del poble on estiuejaven habitualment; podia fer el que li agradava i guanyar-se uns diners: «Com que ja no ens posàvem en la seva vida, no depenia econòmicament de nosaltres i, a més, ens podia dir que estava treballant si li fèiem algun retret, aquell estiu va ser relativament tranquil.» Pel que explicava, la feina que feia li permetia agredir a qui anava begut o a qui pertorbava l'ambient normal de la discoteca.

Al final d'aquell estiu en Jaume va iniciar una relació amb una noia uns mesos més gran que ell. «No ens agradava però, si més no, no era del grup que ell freqüentava. Semblava menys marginada, tot i que fumava porros sense amagar-se'n. Ja no vivia amb els seus pares, es guanyava la vida venent samarretes i semblava més assenyada que el nostre fill.» Durant prop d'un any en Jaume va viure pràcticament amb la noia. L'ajudava en la venda de samarretes i anaven subsistint, però quan tenien problemes econòmics recorria als pares, que l'ajudaven en veure que la vida del seu fill era una mica més endreçada del que havia estat fins aquell moment. La relació es va trencar quan encara no feia un any que estaven junts.

Tret d'ells dos, ningú no sap el motiu de la ruptura. Pel que pensen els pares, sembla que en Jaume va continuar freqüentant els grups radicals, que sortia de casa a les nits i tornava molt tard i l'endemà no anava a vendre. Ella se'n devia cansar i finalment va tallar la relació. Malgrat que era una situació poc estable, la mare d'en Jaume insistia a assegurar que «va ser una llàstima, aquella noia ens l'hauria pogut encaminar, si més no, amb ella treballava».

Poc abans de les crisis d'ansietat que van portar la mare a la meva consulta, en Jaume havia estat detingut per la policia arran d'una baralla nocturna entre dos grups enfrontats. Després de passar la nit a comissaria va quedar pendent d'un judici que encara no s'ha celebrat.

Va passar més d'un any abans que no m'arribessin més notícies dels pares d'en Jaume. Ara han tornat per explicar-me els darrers esdeveniments i per demanar-me una ajuda que, dissortadament, està fora del meu abast. «Ens ha dit l'advocat si vostè podria fer un informe sobre en Jaume per tal d'aportar-lo en el judici, ara el problema que tenim és molt gros.» Van entendre que no podia informar com a metge del noi, no l'havia vist mai, com a màxim podia exposar el que ells m'havien explicat; però això no serviria de gran cosa en el judici. Vam quedar que si l'advocat ho creia convenient, em podia trucar per parlar entre nosaltres del que es podia fer. A vegades els advocats ens demanen informes per tal de tenir on agafar-se a l'hora d'argumentar una defensa, però els metges tenim límits molt concrets i no podem emetre certificats ni dictàmens sense el consentiment de l'interessat i, encara menys, sense conèixer-lo.

En Jaume estava empresonat perquè havia mort un jove. Segons van explicar-me, va continuar vivint de la mateixa manera fins a la darrera vegada que havia vist la seva mare. Pràcticament vivia de nit, guanyava diners vigilant discoteques o comprant i venent coses. No demanava diners als pares, però encara tenia un plat a taula i s'aprofitava, sempre que podia, de la por que els pares li tenien. «Havia arribat un moment en què preferíem donar-li el que fos i que ens deixés tranquils abans que discutir amb ell.»

Ha estat arran de les investigacions sumarials que ha practicat la policia i de les informacions que han aconseguit junt amb el seu advocat, que els pares d'en Jaume han conegut les activitats agressores del fill. Segons ara han sabut, quan encara tenia setze anys, que es dedicava, junt amb els seus companys, a agredir persones grans. El seu divertiment consistia a fer-los caure i veure com els costava d'alçar-se i com la gent corria a ajudar-los. També es dedicaven a confondre invidents: feien veure que els ajudaven a traspassar un carrer, després els posaven en direcció contrària a la que volien anar; alguns detectaven l'engany, d'altres es perdien fins que demanaven ajuda.

Respecte als signes de violència que presentava algunes nits quan tornava a casa, els pares van saber que tot sovint es dedicava a apallissar nois o noies menys dotats físicament que ell. Normalment ho feia sense motius especials i a vegades el pretext de l'agressió eren discrepàncies ideològiques o esportives. Si algú portava signes que l'identificaven com a simpatitzant d'algun partit o moviment nacionalista català i se'l trobava avançada la nit, podia ser violentament agredit per ell. També els simpatitzants de l'equip de futbol contrari al seu eren possibles víctimes. Tot plegat ho feia emparat en un grup de radicals que es trobaven sempre als mateixos bars. Segons els va dir l'advocat, ell anava per lliure, mai no va voler ficar-se dins d'un grup organitzat, més o menys jerarquitzat, però en ser molt fort era ben acceptat pels qui simpatitzaven amb la seva manera de fer i es podien aprofitar de la seva força.

Normalment, les seves agressions eren violentes, però d'escassa repercussió. Segurament la seva corpulència provocava que els seus adversaris, lluny de tornar l'agressió, fugissin a corre-cuita. El pare va dir-me que quan el va anar a veure a la presó, ell li va dir que havia donat cops de puny a moltes persones i mai no havia passat res, aquesta vegada havia tingut mala sort. «Em vaig esgarrifar en veure que no se sentia penedit, que no li feia pena el noi mort, que l'única cosa que volia i li importava era que el traguéssim d'allà dintre.»

L'agressió que el va portar a la presó i ha permès de conèixer el seu historial de comportaments violents va ser semblant a d'altres que havia fet. En sortir d'una discoteca va veure que dos nois discutien per una qüestió relacionada amb la normalització del català. Va acostar-s'hi i, un cop identificat el que anava a favor de la llengua catalana, li va donar un fort cop de puny mentre l'insultava. El pobre noi va caure i el cap li va topar amb la vorera: va quedar mort a l'acte. Com que altres vegades havia deixat estabornits altres individus no va acostar-se a veure què li passava; l'altre noi havia marxat corrents. L'endemà la policia va detenir en Jaume.

Comportaments com el d'en Jaume no són tan excepcionals com voldríem entre alguns joves que arriben a considerar la violència con una forma de viure, com el seu màxim atribut per aconseguir el respecte dels altres. De fet, l'home (en aquest cas, «home» no és un sinònim de persona, ésser humà o individu; les dones no ho han fet o ho han fet molt menys), ha utilitzat el recurs de la força per imposar-se als altres. El que sí que és nou és la utilització de la força i l'agressió de manera gratuïta, sense treure cap altre benefici que no sigui la malsana satisfacció de veure's dominador de l'altre i «gaudir» del seu sofriment. Agredir per agredir és un comportament humà que pot estendre's entre els joves que no troben un camí d'integració en una societat que, com hem vist, exigeix, cada vegada més, esforç, preparació i dedicació.

L'elecció del cas d'en Jaume ens permet veure una situació que, al marge del desenllaç final que, desafortunadament, el fa molt més tràgic, és comparable a molts altres que he tingut oportunitat de conèixer amb més o menys profunditat. El cas és que, com he dit, els trastorns de personalitat que sustenten comportaments com el descrit apareixen a les consultes psiquiàtriques de manera indirecta, perquè la majoria dels afectats no té cap interès a resoldre una situació que, per a ells, no és viscuda com a adversa ni negativa. Normalment són els pares els qui demanen consell i, decebuts, contemplen com no hi ha respostes terapèutiques si no és el mateix interessat qui les demana. Quan això passa vol dir que ens trobem davant un cas diferent que comporta un pronòstic millor.

Abans d'entrar en reflexions sobre l'agressivitat i la violència, voldria insistir en el que ja he exposat abans: al llarg d'una evolució adolescent ens podem trobar amb nois i noies que tinguin, temporalment, actituds i comportaments comparables o superposables als que hem descrit d'en Jaume. Aquest fet no implica que estiguem forçosament davant una situació igual ni semblant. Episodis circumstancials d'enfrontament a la societat els poden passar joves ben normals, que poden evolucionar cap a una forma de vida integrada a la societat o canalitzar la seva resposta rebel per millorar-la. Fins i tot caldria considerar que un cert nivell de capacitat de rebel·lar-se és normal en un jove.

E. Aronson, un dels psicòlegs socials amb més predicament avui dia, dedica un estudi a l'agressivitat en la societat del segle xx. El comença amb una referència personal que podem equiparar-la amb algunes de les que hem viscut molts de nosaltres. Explica que, mentre mirava un noticiari a la televisió amb el seu fill petit, ja fa uns quants anys, el locutor va informar del llançament de napalm en un poble de Vietnam. El nen li va preguntar què era el que llançaven les tropes nord-americanes, i ell li respongué, sense donar-hi importància, que es tractava d'una substància química que crema les persones. Al cap d'una estona el seu fill estava plorant, mentre que ell havia fet l'explicació com qui parla d'una cosa d'allò més habitual. D'aquesta manera l'autor vol palesar com els adults ens insensibilitzem davant els comportaments agressius fins al punt d'arribar-los a trobar normals.

«L'ésser humà és agressiu. Tret d'alguns rosegadors, cap altre animal vertebrat no mata amb tanta freqüència els membres de la seva mateixa espècie.» Aronson destaca les conductes agressives que arrelen en la societat i, a l'hora d'intentar buscar una explicació, arriba a la conclusió que ni la psicologia, ni la fisiologia, ni l'etologia, ni la filosofia es posen d'acord respecte a si l'agressivitat és un fenomen innat i instintiu o una conducta apresa i desenvolupada al llarg de l'evolució humana.

Autors de diferents corrents de pensament apunten cap a un o altre plantejament. Rousseau considera que l'ésser humà «en el seu estat natural és un ésser benigne, feliç i bo. És la societat repressiva que provoca l'agressivitat». Freud sostenia que la persona neix amb un instint de mort (*thanatos*) i que si l'agressivitat no troba un mecanisme d'escapament produirà efectes nocius i fins i tot un trastorn psicològic. Altres autors han pretès, mitjançant l'experimentació, cercar una explicació a la naturalesa de l'agressivitat: Zing Yang Kuo va criar un gat i una rata junts per demostrar que no era inherent al gat la persecució de la rata. Leonard Berkowitz creu que els éssers humans són diferents de la resta d'animals en la mesura que l'aprenentatge té, en aquests, un paper més important en la formació de conductes agressives: «En els humans, l'agressivitat és funció d'un joc complex de propensions innates i respostes apreses.» Després de fer un recorregut per diferents propostes, de les quals podríem deduir que hi ha elements suficients tant per considerar l'agressivitat innata com per considerar-la adquirida mitjançant les experiències viscudes, sembla assenyat inclinar-nos per una posició intermèdia i considerar que, sobre una base instintiva innata, hi ha un aprenentatge adquirit al llarg de la vida i arrelat en els comportaments socials al llarg de l'evolució de la humanitat.

Cal destacar el paper de la frustració com a provocadora de conductes d'agressió. Quan hom nota l'impediment d'un goig esperat o la privació concreta d'un desig, sent agredida la seva persona, i llavors la capacitat de comportar-se de forma agressiva augmenta. Es tendeix a construir una societat on hi ha moltes expectatives possibles i, per tant, també hi ha moltes frustracions possibles. Per a molts, la majoria de les il·lusions i moltes de les esperances que els ofereixen, són viscudes com a impossibles d'aconseguir. Un col·lectiu de persones amb un elevat nivell de desencís i desil·lusió és molt més propens als comportaments agressius que no pas un col·lectiu que pot aspirar, encara que sigui amb molt esforç, a aconseguir les fites que es proposa.

Molts s'han preguntat si a la condició humana li és necessària una certa capacitat d'agressió. Des de l'etologia s'han formulat teories que consideren l'agressivitat com una necessitat de la persona per afrontar la vida; per sobreviure en fa falta un cert nivell per tal d'aconseguir imposar-se als altres en la competència i defensar-se de les agressions que es puguin sofrir. Lorenz, en el seu llibre *L'agressivitat un pretès mal*, apostava per una agressivitat necessària partint de l'acceptació d'un context social inevitablement agressiu: si l'entorn ens agredeix cal tenir capacitat de defensa. A parer de Lorenz, l'agressió «és una part essencial de l'organització instintiva preservadora de la vida». Arriba a aquestes conclusions a partir de les seves observacions d'animals, no dels humans. Caldrà saber si hi ha alguna possibilitat d'aconseguir trobar diferències prou significatives que modifiquin la seva premissa. Sigui com sigui, sembla evident que l'ésser humà, si més no el més primitiu, va necessitar l'agressivitat per sobreviure. Si ens traslladem a la vida actual, aquesta també sembla imprescindible. Per comportar-se amb un cert nivell de competitivitat cal estar proveït d'un cert nivell d'agressivitat.

L'aportació científica que sembla tenir més recursos per donar una resposta pel que fa a la naturalesa de l'agressivitat i la possibilitat d'establir mecanismes correctors és la psicologia social. Aronson formula un plantejament que no refusa la proposta de Lorenz, admet que un cert nivell de capacitat agressora és necessari per al desenvolupament i l'equilibri personal, però considera imprescindible intentar reduir el nivell de violència separant-la conceptualment de l'agressivitat.

Aronson formula unes propostes concretes per aconseguir reduir el nivell de violència: utilització de la raó; utilització del càstig als models agressius; la presència de models no agressius; i l'afavoriment de l'empatia envers els altres.

— Pel que fa a la utilització de la raó, diu: «Estic segur que seria possible aconseguir un conjunt lògic i raonable d'arguments on es detallessin els perills de l'agressió i la misèria que els actes violents provoquen tant en els agressors com en els agredits.» El mateix autor admet que aquesta proposta no aconseguiria modificar en gran manera les conductes agressores. Com apuntava Aristòtil: «A moltes persones no se les pot convèncer només amb arguments racionals.»

— El càstig és considerat per una majoria de la població com la millor solució per reduir la violència. Cal reprimir els qui es comporten violentament per evitar que continuïn actuant d'aquesta manera. L'aplicació del càstig no sempre dóna els resultats esperats. Si no es fa de manera adequada i, sobretot, justa i proporcionada, el resultat final pot ser provocar comportaments encara més agressius. A més, cal un coneixement personalitzat de la persona que es castiga. L'autor aplica el mecanisme del càstig exclusivament al procés educatiu amb infants i no esmenta gens els càstigs socials als adults agressors.

— La presència de models no agressius. Contemplar com persones en situació semblant a la pròpia responen de forma no agressiva afavoreix la formació de comportaments menys violents. Els mecanismes imitadors són fonamentals a l'hora d'establir aprenentatges. L'autor descriu experiències en què es pot constatar la capacitat moduladora del comportament agressor mitjançant la presència de conductes no agressores.

— El foment de l'empatia envers els altres. L'autor recorre a Seymour Feshbach per assenyalar que «a la major part de les persones els resulta difícil fer voluntàriament mal a una altra persona a no ser que trobi alguna manera de deshumanitzar la víctima». Aprofitant aquesta afirmació, Aronson afirma: «Si és veritat que la major part dels individus necessiten deshumanitzar les seves víctimes per efectuar un acte extrem d'agressió, si s'aconsegueix empatia entre les persones esdevindrà molt més difícil que es comportin amb violència.»

El mateix autor acaba admetent, però, que li resulta molt difícil determinar els mecanismes que calen per aconseguir l'empatia necessària entre les persones a fi d'evitar els comportaments violents. La proposta d'Aronson ens permet de veure com la violència de la societat costa de modificar. Els mecanismes correctors que proposa són de difícil aplicació i les possibilitats de portar-los a terme no deixen de ser utòpiques.

Si volguéssim aplicar les propostes d'Aronson al cas d'en Jaume ens adonaríem de la dificultat que implica fer-ho. Tot indica, per les dades que tenim del cas, que la seva educació es pot considerar correcta o, si més no, com la més habitual: els seus pares, amb lògiques equivocacions i discrepàncies, han actuat de la manera que sol fer-ho la majoria de pares. Tampoc no es pot dir que, a les diferents escoles on va anar no tinguessin una actitud correcta. Malgrat tot, no va poder evitar-se una evolució que va conduir-lo a un episodi final que, tot ho indica, era inevitable si continuava comportant-se com feia.

Segurament hauria estat necessari efectuar un diagnòstic anterior i una actuació terapèutica quan era més petit. Però el cert és que és comprensible que durant la infantesa una majoria de pares no considerin la necessitat d'una ajuda psicològica. També hauria estat adequat que, a les escoles on havia anat, a més de detectar el problema, haguessin fet tots els possibles per evitar les frustracions i haguessin procurat canalitzar de manera positiva la seva capacitat intel·lectiva. Ningú no sap, però, si ho van intentar i ell va donar-hi l'esquena.

Possiblement l'element clau de la situació sigui el context social on va a parar en Jaume quan deixa els seus amics de l'escola i es refugia amb els de l'estiu. Ho fa després de repetir curs, és a dir, quan els qui havien estat els seus companys han donat un pas endavant i ell no, quan ell està vivint l'experiència del fracàs i comprèn que el més possible és que continuarà fracassant.

El fracàs escolar en nois o noies capacitats, amb predisposició al lideratge i a la necessitat de destacar, els col·loca en la situació de cercar centres d'interès diferents dels estudis. Volen demostrar, a ells mateixos i als altres, que són capaços de sobresortir en alguna cosa. Les amistats amb qui es troba en Jaume provenen de situacions semblants. Quan està amb ells no se sent diferent, mentre que quan està amb els companys d'estudis sent que no pot seguir l'expedient acadèmic dels altres. Amb els companys de classe és un fracassat, als bars de nois desarrelats dels estudis, la seva força i corpulència són elements distingidors: allà ell és un triomfador i aconsegueix fer por (una manera de demostrar domini i poder sobre els altres). Malgrat ser una estúpida manera de triomfar, cal admetre que és una manera, i en Jaume devia voler ser un triomfador, una persona respectada, temuda.

Cal adonar-se que el sistema escolar actual genera uns remanents de joves que, fracassats en l'intent de seguir els ritmes curriculars dels altres, adopten formes marginals de vida i, en fer-ho, es converteixen en «acollidors» d'altres joves que es troben en la seva mateixa situació. Cal dir que sempre hi ha hagut qui no ha pogut reeixir i això l'ha portat a una certa marginalitat més o menys duradora. Anys enrere, però, les alternatives als estudis eren moltes, mentre que avui es diu als joves que sense una titulació els serà molt difícil assolir les aspiracions que tenen. Tot plegat origina un nou fenomen, que és una de les manifestacions del comportament dels grups marginals actuals: la utilització de la violència gratuïta, la violència per la violència sense cap altre benefici que alliberar la tensió acumulada i aconseguir atemorir els altres. Segurament vivim en una societat en què el poder és atractiu per a tothom. Així doncs, quan no s'hi pot arribar de cap altra manera, una forma d'aconseguir-lo consisteix a imposar-se mitjançant la força. Qui no té accés a cap altra forma de poder utilitza la violència com a recurs per sentir-se «poderós».

Des de sempre les persones ens hem enfrontat, discutit, barallat, pegat i fins matat per una cosa o una altra. Un pagès es pega amb un altre per un tros de terra que creu que li pertany; un home o una dona són capaços de tot per defensar el seu honor o per gelosia; uns pares agredeixen l'agressor del seu fill; un violador viola per satisfer un desig sexual desviat o patològic; un país fa guerra per ser independent o per sotmetre'n un altre... Fins ara, la gran majoria dels comportaments violents es fonamentaven en l'obtenció d'algun benefici, en la venjança o en la necessitat de fer justícia. La violència almenys tenia un pretext que la justifiqués; ara, en canvi, es tracta de comportamets violents que es justifiquen per ells mateixos, ja no necessiten motius.

És ben cert que una gran majoria de les manifestacions violentes que ha fet l'home al llarg de la història han estat al servei de la satisfacció personal i que la majoria de les agressions han sorgit més de la necessitat d'autoafirmació individual o col·lectiva que no pas del convenciment o de la raó (aquesta tan sols excepcionalment pot aliar-se amb els comportaments d'agressió). En tot cas, l'impuls humà cap a la violència tendia a cercar una canalització justificativa; ara ja no li cal. Potser s'ha perdut la hipocresia que necessitaven els inquisidors per torturar i matar en nom diví, o dels feixistes per fer-ho en nom de la purificació de la raça, o dels nacionalismes totalitaris per preservar «unitats pàtries» fictícies i imposades. Fixem-nos, però, que les manifestacions de violència sovint provenen del poder o de l'antipoder, com és el cas del terrorisme, i ho fan de manera organitzada i, en aparença, autocontrolada. La violència individual ha estat, gairebé sempre, motivada: els crims passionals, els enfrontaments per herències, el límits de les terres, els robatoris, la venjança... Ara veiem com, de manera individual, la violència apareix sense altre motiu que la gratificació que produeix practicar-la.

Com a antecedent a aquest tipus de comportament hi ha el que es descriu, en els historials clínics o sumarials, com a criminals en sèrie, *serial killers*: individus pertorbats que troben satisfacció en la realització d'homicidis reiterats. Solen ser persones que tenen una conducta habitual normal, però amb un impuls de matar compulsiu que els porta a la realització de crims, a vegades tan ben planificats i fredament executats, que s'han escapat completament de la justícia. Es tracta de trastorns gravíssims de la personalitat. Es fan molts estudis psicològics per delimitar la naturalesa de la seva patologia i fins i tot la presència d'alguna alteració cromosòmica, però encara no s'ha arribat a conclusions plenament contrastables per donar-les per certes. Per sort hi ha un nombre escás de persones amb aquestes característiques, fet que dificulta estudiar-los i, alhora, els diferencia dels casos que, com el que he descrit, esdevenen, llastimosament, cada vegada més generalitzables. L'existència d'assassins patològics és antiga, no es tracta d'un fenomen de final d'aquest segle, n'hi havia al començaments del segle XX i en segles anteriors. Tot indica que n'hi ha hagut sempre, però no s'havien estudiat de manera global ni s'havien establert les característiques comunes del seu comportament. Els *serial killers* serien els antecedents de la violència per la violència, malgrat que, en el seu cas, el que sembla ser fonamental no és la violència per ella mateixa, sinó el fet de matar.

Durant la darrera dècada d'aquest segle s'han alçat moltes veus crítiques sobre les programacions televisives, perquè les consideren responsables de l'aparició de comportaments violents. S'han elaborat molts estudis amb la finalitat de demostrar la correlació entre el nombre d'hores, el tipus de programes i els comportaments violents. Malgrat tot, no s'ha pogut establir una correlació precisa. No sembla que el nombre d'hores davant la televisió sigui determinant a l'hora de tenir un comportament violent. El fracàs escolar, la desestructuració familiar, la intolerància a la frustració, la necessitat d'autoafirmació personal i la dificultat d'aconseguir-la per mitjans normals, i les exigències paternes superiors a les possibilitats de l'interessat, apareixen com a constants molt més correlacionables que la programació televisiva.

En tot cas, del que sí podríem fer-nos ressò és del tipus de clima competitiu que s'està apoderant de la societat i que es reflecteix, no sols en els programes de televisió, sinó en els noticiaris, en els reportatges o en la ficció que consumim, on l'èxit, els diners i el poder estan mitificats de tal manera que creen ànsia i tensió col·lectiva per poder-los assolir. En aquest sentit sí que seria determinant el fet que es construeixi una societat on no tothom hi té un espai i, sobretot, on no tothom pot triomfar. Aquesta reflexió sí que podria explicar l'aparició de grups marginals que troben en la violència una forma de canalitzar la seva frustració.

Una humanitat que quan fa un recull de la seva història recorre a l'enumeració de les guerres que s'han fet és una humanitat condemnada a viure matant-se sense parar. Ara, a les acaballes del segle XX, assistim a una saturació informativa que ens permet veure repetides situacions de violència humana sense que se'ns pertorbi la consciència. Una fotogafia en un diari amb el cap d'un negre tallat en rodó sobre el malmès asfalt d'una carretera africana —diari *El País* del passat 26 de maig de 1996— pot ser contemplada amb la mateixa indiferència que qualsevol altra imatge. Els telenotícies ens donen motius per a l'esgarrifança gairebé cada dia, i tanmateix no la sentim: ens hem acostumat a conviure amb la violència i a ser-ne indiferents, i aquest no és el camí per eradicar-la o disminuir-la.

La presència de desigualtats afavoreix la permanència de frustracions que, com ja hem vist, provoquen respostes agressores. Si no construïm una societat menys frustrant, la violència no podrà disminuir, ans al contrari, augmentarà més i més.

ADAPTACIÓ A UNA VIDA MÉS LLARGA

En Joan va venir a la consulta perquè li donés tractament per a una depressió que patia des de feia uns quants mesos. L'acompanyava la seva esposa. Tots dos em van demanar si podien entrar plegats a la visita. Ella tenia una actitud protectora envers el seu marit i tendia a prendre la paraula per explicar els símptomes i manifestar la seva estranyesa pel que li passava: «Tanta il·lusió que li feia jubilar-se i al cap d'algunes setmanes va començar a estar així.» En Joan explicava que des de feia uns cinc mesos li costava molt llevar-se al matí. «No sortiria mai del llit», segons la seva esposa, que l'interrompia amb molta freqüència. Sempre s'havia llevat d'hora, fins i tot els dies de festa era dels qui es lleven aviat encara que només sigui per llegir el diari.

Des de l'inici dels símptomes s'havia produït un progressiu deteriorament de l'ànim d'en Joan: havia perdut les il·lusions, amb prou feines sortia de casa i, quan ho feia, volia tornar de seguida, no llegia ni el diari i si estava una estona mirant la tele no seguia el programa ni s'interessava pel que feien.

La seva esposa deia: «A vegades canvio de canal i ni se n'adona, mira la tele però continua donant voltes a les seves cabòries.» Feia alguns mesos que parlava de la mort, a vegades manifestava desig de morir-se: «Total, pel que hi faig en aquesta vida.» Ni els fills ni els néts el motivaven, malgrat ser una persona molt afectuosa amb la família i, sobretot, amb els néts. «M'atabala que vinguin a casa, tot ho toquen, criden... Jo el que vull és tranquil·litat.» Segons ell mateix admetia, quan es troba més a gust és quan el deixen sol i tranquil. En preguntar-li què feia quan estava sol, em va contestar amb un lacònic «res».

Els símptomes es corresponien amb els d'una depressió, fet que quedava confirmat un cop efectuada la corresponent exploració i l'anàlisi biogràfica. En Joan no semblava patir cap malaltia orgànica, no tenia antecedents personals ni familiars que ell recordés de malaltia psíquica, tan sols hi havia correlació entre el seu estat i el fet d'haver-se jubilat de la feina un parell de mesos abans de començar-se a presentar els símptomes.

En Joan tenia seixanta-tres anys, li faltaven pocs mesos per fer-ne seixanta-quatre. Un any abans de conèixer-lo, l'empresa on havia treballat durant més de trenta anys li va proposar que es jubilés en fer els seixanta-tres anys. Li ho van oferir com una possibilitat a què podia acollir-se si volia, li van donar temps per pensar-s'ho i no el van pressionar per convèncer-lo. Després de comentar-ho amb l'esposa i els fills va decidir acceptar l'oferiment de l'empresa i van començar els tràmits per poder deixar la feina a l'edat pactada. «Se'l veia amb ganes de deixar de treballar, feia bromes amb tots i deia que mai més no s'hauria de llevar quan encara fos fosc.» No semblava que la jubilació el pogués afectar tant com després va passar.

En Joan era un home de reduïts espais d'interès. Treballava molt i vivia la seva feina com si fos l'únic centre de la seva vida. Era dels qui no mirava l'horari que feia, sempre estava disponible. Si durant un cap de setmana calia anar a treballar per resoldre algun problema, ho feia com si això fos un comportament laboral normal. Li agradava ser considerat com un home treballador i tenia la sensació de ser imprescindible a l'empresa. Durant anys i panys va fer una pila d'hores extraordinàries i treballava durant gran part de les vacances. Ho feia, a part de per guanyar diners, perquè li era més satisfactori anar a la feina que estiuejar.

En Joan, al marge de la feina, era un home molt «de casa». Es trobava a gust amb la dona i els fills, li agradava veure el futbol a la tele, llegir el diari cada dia i, molt de tant en tant, anava a un ateneu del barri on jugava una partida d'escacs si trobava contrincant, si no el trobava tornava a casa de seguida. No tenia cap altra afició. La dedicació a la feina i la severitat dels seus costums li van permetre fer uns estalvis que van servir per donar estudis als seus dos fills i per ajudar-los a l'hora de casar-se. Estava satisfet del que ell considerava una vida modèlica.

Una vida dedicada a treballar pot no haver deixat espai per aprendre a viure sense fer-ho; per això apareix un greu desconcert quan arriba l'hora de la jubilació.

Va ser necessari administrar-li antidepressius, que van produir una bona resposta terapèutica. Al cap d'uns quants mesos en Joan estava animat, era capaç de distreure's amb poca cosa com sempre havia fet, només va incrementar les visites a l'ateneu i va acostumar-se a jugar una o dues partides diàries amb companys d'afició que estaven en una situació semblant a la seva. Malgrat la millora dels símptomes depressius, va plantejar-se la necessitat d'ocupar més temps en activitats diferents. Li va costar molt, era una persona força individualista, estava acostumat a treballar sol i li costava integrar-se en les activitats de grup i no se sentia còmode si estava amb persones molt més grans que ell. Sovint deia: «Jo estic jubilat però no sóc vell.» Algunes de les activitats que s'organitzen per a les persones grans no discriminen la diferència que hi ha entre una persona adulta gran i una persona vella; els primers poden no sentir-se còmodes amb els segons i aquests amb els primers. Uns i altres tenen aptituds i disposicions diferents, cal trobar aquelles activitats que siguin adequades per a cadascú per tal que esdevinguin motivadores i afavoreixin la continuïtat.

La dona d'en Joan, la Marta, tenia vuit anys menys que ell; quan ell va jubilar-se i va passar la depressió, ella estava passant la menopausa. Potser per això presentava un neguit especial a l'hora de veure l'estat del seu marit. A mesura que ens vam anar coneixent, vaig adonar-me que sentia una certa ambivalència envers la jubilació d'ell. D'una banda, no li agradava que el seu marit es jubilés perquè d'alguna manera significava un envelliment també per a ella (alguna vegada se li havia escapat: «Ara sóc la dona d'un jubilat»); d'altra banda, ella creia que amb la jubilació arribaria un temps en què ella i el seu marit podrien divertir-se una mica més, manifestava estar tipa d'estar a casa i reclamava anar alguna vegada al cine o a passejar. No era, doncs, massa exigent.

Algunes persones associen la menopausa femenina amb el patiment d'una depressió, que consideren inevitable. No és així, la menopausa és un trasbals biològic que no es pot considerar, de cap manera, una malaltia i que, adequadament cuidat, pot no comportar cap patologia, ni física ni psicològica. Com hem vist en el cas d'en Joan, va ser ell qui va patir un quadre depressiu mentre que, pel que sé, la seva esposa no va deprimir-se. Cal dir que una majoria de gent associa els episodis depressius de la menopausa amb un refús de l'envelliment i al suposat trauma que podria representar no tenir la regla. No sol ser aquest el mecanisme pel qual una dona pot deprimir-se a aquesta edat.

Una gran majoria es mostren satisfetes de deixar de menstruar. Per valorar la repercussió psicològica cal considerar que la menopausa sol coincidir en el temps amb l'emancipació dels fills, l'envelliment amb presència de malalties greus en els pares —si encara són vius—, amb una edat també difícil per al marit i amb un increment de la sensibilitat i emotivitat que, possiblement, posen la dona en una situació de més vulnerabilitat. Tot plegat afavoreix l'aparició de quadres ansiosos i situacions de conflicte psicològic en aquesta època. Com hem vist, el refús o la manca d'acceptació de l'envelliment és tan sols un factor que s'ha de tenir en compte, la majoria de vegades el menys significatiu.

La Marta va ser testimoni (s'havia acostumat a acompanyar el seu marit a les visites) de les converses que jo mantenia amb en Joan sobre la nova etapa de la vida que se li presentava. A mesura que ell es trobava millor, ella es mantenia més callada. De fet, en Joan era prou xerraire, li agradava ser el centre d'atenció i portar la iniciativa. A mesura que vam anar veient com ell millorava, va palesar-se la poca atenció que l'un i l'altre havien dedicat, al llarg de la seva vida, a pensar com viurien quan arribés aquesta època. Sempre l'havien contemplada com el final de tot i no com el final d'una etapa que donava pas a una de nova. Per això la situació que vivien els deixava tan desconcertats.

La Marta i en Joan van aprofitar-se de l'estreta relació afectiva que tenien amb el matrimoni format per en Josep i la Montserrat. En Josep era germà de la Marta, tenia tres anys més que ella i la Montserrat tenia la mateixa edat que la seva cunyada. En Josep i la Marta havien perdut els pares quan encara eren molt joves (ell acabava de fer vint anys). Van haver d'espavilar-se sols, ho van fer sense deixar d'estimar-se i de tenir una relació molt cordial. Quan la Marta va casar-se amb en Joan, es van distanciar pel que fa a les activitats comunes, perquè en Josep i en Joan eren molt diferents. En Josep tenia moltes aficions, li agradava anar a viatges organitzats, sortir els caps de setmana i anar al cine o al teatre, i en Joan, com ja hem dit, era extremament casolà. Les condicions econòmiques de l'un i de l'altre tampoc no eren les mateixes. En Joan era un empleat, amb un bon sou, però un empleat, i en Josep era majorista de fruites i verdures, comerciant de mena, li anava bé el negoci i li agradava gastar-se el que guanyava. Malgrat aquestes diferències, no deixaven de celebrar junts les festes assenyalades. No els passava desapercebut cap sant ni aniversari i per Nadal es reunien en una casa o en l'altra, tot plegat els feia sentir-se molt units. La Montserrat i la Marta eren, a part de cunyades, força amigues. Xerraires totes dues, passaven bones estones al telèfon. Quan en Joan va patir la depressió van fer-los, tant a ell com a la Marta, molt costat i quan aquest ja estava recuperat van ser decisius a l'hora d'incorporar en Joan a alguna activitat que donés sentit a una vida que ell vivia com si fos «sense al·licient». A més d'anar a alguna diversió plegats i de fer alguna sortida de cap de setmana, en Josep va oferir a en Joan allò que aquest més necessitava, si més no així ho creia ell: una activitat que podia considerar com una feina.

Un dia van presentar-se a la consulta d'allò més contents. En Joan semblava haver remuntat més ànims que mai, no va trigar gens a donar-me l'explicació del seu entusiasme: «torno a tenir feina», va dir-me content. Llavors va explicar-me que el seu cunyat, en Josep, li havia ofert anar un parell d'hores cada matí a ajudar-lo a portar la comptabilitat. Sembla que la situació a tots dos els anava la mar de bé. A l'un perquè, per més que ho intentava, no trobava cap cosa que li agradés més que treballar, i a l'altre perquè no li agradava gens haver de preocupar-se de la «paperassa.» No es pot dir que aquesta sigui la solució teòricament més adient. Molts pensaran que calia ensenyar en Joan a viure sense treballar. Ho vaig intentar, però no me'n vaig sortir. Finalment, crec que si ell està satisfet amb la nova situació, no podem inventar-nos unes circumstàncies ideals diferents de les que té cada persona, cal adaptar-se a les que hi ha.

El procés viscut per en Joan li va ser útil a en Josep. Ell, potser pel fet de tenir un negoci propi, no s'havia plantejat mai que algun dia s'hauria de jubilar, cosa que en el seu cas volia dir vendre's o arrendar la parada. En Josep i la

Montserrat tenien una filla que havia estudiat biologia i que treballava a Galícia, on s'havia casat; sempre havia deixat clar que a ella no li agrada la feina dels seus pares. En Josep es veia, doncs, vinculat al seu negoci de per vida. Les llargues converses amb el seu cunyat van acostar-lo a una realitat que tard o d'hora s'hauria hagut de plantejar.

Un dia en Joan va dir-me: «Crec que no li faig bé al meu cunyat, d'ençà que em té a la feina se li escapen expressions com ara "no val la pena lluitar tant si, al capdavall ho hauré de malvendre tot...".» Vaig tranquil·litzar en Joan fent-li veure que normalment els problemes dels altres ens serveixen per veure els nostres. Vaig dir-li que li hauria anat molt bé conèixer algú que s'hagués jubilat abans que ell, segurament, llavors, hauria tingut l'oportunitat de fer-se totes les reflexions que va fer-se després.

En Josep va assimilar bé l'experiència d'en Joan, va tenir el sentit comú de treure'n totes les lliçons favorables. Es va plantejar la seva economia pensant en el futur, cosa que mai no havia fet, i va fer-ho sense caure en un parany freqüent, el d'agafar una postura extremament estalviadora. Es va limitar a organitzar-se de manera que pogués estalviar prou per cobrir l'exigència que havia acordat amb un director de la sucursal bancària en qui tenia plena confiança. A part de la lleu reorganització econòmica, continuava treballant activament en el negoci, ja que encara no pensava desprendre-se'n, i va obrir-se a noves activitats i curiositats possibles per a quan deixés de treballar: va interessar-se pel món del voluntariat, va recollir informació de cursos destinats a formar les persones per afrontar aquesta situació. Va fer, en definitiva, tot allò que havíem aconsellat a en Joan però no va tenir esma de fer o no va trobar l'activitat que s'adaptés a ell. Actualment, en Josep continua treballant en el seu negoci, si bé està reduint la seva dedicació, perquè ja ha pensat que, d'aquí, a un parell d'anys, se'l vendrà. Amb el que li paguin i el que tindrà estalviat podran «viure dignament», com li agrada dir.

En aquest cas veiem com la situació de les respectives esposes no ha suscitat cap més comentari que la referència a la menopausa que passaven. La Marta va deixar de treballar quan es va casar i va acostumar-se a una vida de mestressa de casa que mai no va refusar. La Montserrat anava a la parada amb el seu marit però només els dies que hi havia més feina. Temps enrere l'havia ajudat més, però va ser un espai de temps reduït; quan van passar per una època difícil, ella va treballar força fent pràcticament l'horari del seu marit; quan van superar el mal moment, van contractar personal i ella va decidir quedar-se a casa. Les mestresses de casa no es jubilen, la seva vida canvia en la mesura que canvien els hàbits dels seus marits, però elles no tenen la sort de poder-se plantejar un canvi en la seva vida. De fet, les dones que treballen solen presentar molts menys problemes psicològics que els homes a l'hora de jubilar-se, entre altres raons perquè la jubilació afecta només una part de les seves activitats; l'altra, la de portar la llar, no té edat de jubilació.

El paper que ha fet la Marta en aquest relat és el d'acompanyant de la persona afectada. Això no vol dir que no hagi presentat conflictes psicològics ni que no tingués problemes. Per les pinzellades que hem apuntat podem esbrinar, sense massa por a equivocar-nos, que la seva dedicació al marit li ha resultat feixuga, que la manca d'interessos i de ganes de divertir-se, per part d'ell, l'havien portat a una vida mancada d'al·licients. També hem pogut veure com la por de l'envelliment i la necessitat de trobar contingut a una nova etapa de la vida, cosa per a la qual no estava preparada, li provoca neguit.

Ens trobem, segurament, davant el relat més previsible de tots els que hi ha descrits en aquest llibre. També, val a dir-ho, descriu un dels esdeveniments més repetits que es donen en una consulta on s'atenen situacions de conflicte humà. Per aquest motiu he triat una situació força tòpica i, per tant, no gens espectacular. El protagonista viu un neguit que no havia previst, havia viscut pensant que la feina ho era tot, que viuria mentre treballés o que treballaria mentre visqués, i ara s'adona que la vida, sobretot la vida actual, s'allarga molt més que la vida laboral.

A la darreria del segle xx podem fer una distribució de les edats de les persones en relació amb la seva productivitat: passem una tercera part de la vida formant-nos per aconseguir una feina, una altra tercera part, si fa no fa, treballant, i en queda una darrera tercera part per viure jubilats. L'allargament de la vida ha originat l'increment considerable del nombre de persones grans, i això, com exposava en el primer apartat d'aquesta segona part, ha fet trontollar l'Estat del benestar en tant que són molts i durant molt de temps els qui s'han de beneficiar de les pensions, mentre que cada vegada són menys els qui cotitzen.

No és possible fer abstracció dels condicionaments econòmics a l'hora de parlar de l'estat psicològic de les persones arribada l'edat de deixar de treballar remuneradament. Cal que l'Estat garanteixi, si més no als qui ja estan en situació de pensionistes, el cobrament d'allò a què tenen dret per tal de poder fer-se un plantejament que els permeti una millor qualitat de vida. Si hem de viure en una permanent incertesa, res del que poguem proposar a continuació no té sentit o en té molt poc. Tot intent de millorar la qualitat de vida passa per tenir garantits uns mínims ingressos que proporcionin la serenor suficient, aquest aspecte és fonamental quan la persona ja no té el recurs de cercar feina o de millorar la seva economia, com passa quan ja s'ha sobrepassat l'edat de jubilar-se. Aquest aspecte l'he exposat més extensament quan m'he referit a les incerteses i inseguretats que han aparegut a les acaballes del segle XX.

Skinner, en el seu llibre *Gaudir de la vellesa*, ens recorda una dita popular que fa referència al fet que tothom vol arribar a vell, però ningú no vol ser-ho. La vellesa ha estat, des de sempre, una condició poc desitjable; si bé en moltes cultures honren les persones velles, ningú no enveja la seva situació. Ser vell sol ser vist com a sinònim de precarietat personal, sigui física o psíquica, precarietat que s'incrementa en veure aquesta edat com la més pròxima a la mort o a la malaltia. Potser aquesta sigui la causa darrera de la por que solem sentir de la pròpia vellesa, por de morir i por de patir, coses que solen associar-se amb el fet de ser vell. Ens caldrà distingir el fet de ser o sentir-se vell del fet biològic d'envellir. Envellim des del mateix moment que naixem, és una realitat inqüestionablement lligada al fet de viure. Ser viu equival, inevitablement, a anar envellint. Acceptar la vida comporta haver d'acceptar el procés d'envellir. Sovint aspirem a no tenir-ho present, com si en no pensar-hi poguéssim esquivar l'envelliment. Jo ja sóc una mica més vell que quan vaig començar aquest llibre, el temps que ens costa fer una cosa és temps que sumem a la nostra experiència personal; però, si no fem res, el temps, per ell mateix, també ens envelleix. No podem evitar-ho.

Durant el segle xx ha canviat la vida. Ha estat l'època, al llarg de tota la humanitat, en què més ha canviat la relació entre la persona i la temporalitat. En cent anys els patrons de supervivència han canviat de tal manera que s'han modificat radicalment moltes condicions de vida en relació amb la temporalitat. S'ha passat d'una mortalitat en infants abans de l'adolescència de prop d'un cinquanta per cent a ser gairebé insignificant en els països desenvolupats; de viure una mitjana una mica superior als cinquanta anys a fer-ho fins a la ratlla dels vuitanta; de no tenir accés a controlar la natalitat a poderho fer; d'haver de rendir-nos davant la majoria de malalties a tenir molts recursos per guarirne la majoria i alleujar de manera considerable les que encara són inguaribles; de viure el fet d'emmalaltir com una fatalitat enfront de la qual no es podia fer res a poder prendre mesures preventives que han eradicat una gran quantitat de malalties que havien estat endèmiques durant segles.

Només de pensar que no va ser fins a gairebé la meitat del segle xx quan no es va conèixer el primer antibiòtic fa esgarrifar. En pràcticament cinquanta anys s'ha doblat l'esperança de vida, s'han alleujat molts dels seus patiments i s'està en camí de resoldre'n d'altres. Ens queda, per al segle vinent, a part de trobar resposta terapèutica a malalties encara incurables, trobar patrons psicològics que serveixin per posar vida als anys, ara que hem afegit molts anys a la vida.

El repte situat en la recerca d'una millor qualitat de vida ha de centrar-se, forçosament, a procurar treure a l'edat de la vellesa la condició d'indesitjable. S'ha d'assolir perdre la por de l'envelliment, per això ens és imprescindible aprendre a viure la temporalitat de manera diferent. Vivim la persistent obstinació de voler rendibilitzar el temps. Ja quan eduquem un nen o una nena, insistim en la necessitat de procurar «no perdre el temps», és un missatge equívoc i perillós tant pel seu contingut implícit com per l'explícit. Implícitament, «no perdre el temps» vol dir la necessitat de fer-lo rendible, la necessitat de fer alguna cosa de profit. Un nen o un jove són subsidiaris d'aprendre i quan aprenen sembla que fan una inversió destinada al dia de demà. Si aprenen, per exemple, un idioma, pot ser que aquest els ajudi a obtenir una feina millor. Aprendre a conversar o a badar els pot ser força útil quan siguin jubilats; però molts pares i educadors consideren inútils aquests segons aprenentatges. No tenen en compte que durant gairebé un terç de la vida es necessita capacitat per ocupar i gaudir del temps, recursos per viure més enllà d'allò que ens entestem a considerar útil o beneficiós, i que tan sols és rendible o productiu.

Si consideréssim important la vivència de la temporalitat, si ens adonéssim que, en darrer terme, la mesura de la vida és el temps i que com l'ocupem és una altra cosa, potser adoptaríem una actitud psicològica diferent envers el fet d'envellir. Si veiem l'envelliment com un camí sense retorn en el qual anem perdent la capacitat de fer allò que fèiem, inevitablement maleirem el pas del temps, maleirem viure. Aferrissats al contingut que omple el temps, no ens adonem del recipient que, en darrer terme, és el que ens permetrà continuar fent sempre alguna cosa. Si confonem allò que som amb allò que fem, quan ja no puguem continuar fent-ho considerarem que hem deixat de ser. En envellir anem perdent habilitats i capacitats de mica en mica i, a vegades, sobtadament, es perden facultats per desenvolupar determinades activitats. Si estem atrapats per aquestes, si considerem que no som res si no som capaços de fer allò que volem fer, envellir esdevé un fet agressor. Sort que moltes vegades aconseguim ignorar el pas del temps, però si ens adonéssim que l'instant que està passant en aquests moments no tornarà a passar, ens atraparia l'ànsia de conscienciar el caràcter fugisser de la vida. Un recurs humà per fer suportable l'existència consisteix a dosificar els pensaments que l'angoixen; només les persones amb algun trastorn psicològic són incapaces d'apartar de la seva ment allò que les neguiteja.

En un llibre que he publicat fa poc m'he ocupat dels recursos psicològics que l'ésser humà pot utilitzar per accedir a una vivència com menys traumàtica possible del fet de conscienciar-nos del pas del temps i d'acceptar els seus efectes en el cos. Proposava fer un intent de recuperar la consciència del present, entenent-lo no com un instant fugisser, sinó com un marge de temporalitat en què la consciència abasta la capacitat de reflexionar —adonar-se— i de sentir —emocionar-se—. A aquest present l'anomenava «ara» i ve limitat per l'espai de temps al qual tenim capacitat d'accedir. Al llarg del trajecte d'un viatge amb tren o automòbil contemplem reiteradament un paisatge, cada moment que passa és una mica diferent, però és el mateix fins que una circumstància orogràfica —el pas d'un port de muntanya, travessar un túnel, el canvi de direcció del trajecte que ens faci perdre una referència concreta—, el modifica completament. El mateix passa en la percepció de la vida quotidiana, mentre dura una determinada conversa en una trobada d'amics, quan estàs una estona llegint un llibre, quan es té un moment de serenor i es pensa en alguna cosa, es viu un «ara»; quan es canvia la conversa, quan s'introdueix una persona nova o es canvia radicalment de tema, quan es modifica la situació que estem vivint, l'«ara» anterior és ja temps passat, ja no ens pertany, ha començat un altre «ara». Mentre dura un «ara» podem no tan sols ser conscients del moment, sinó que també ens és possible, poc o molt, modificar-lo, prendre decisions que n'afectin les característiques, viure'l diferent, d'alguna manera som amos dels «ares» de què podem conscienciar-nos. Molts espais temporals de la nostra vida els vivim «com els hem de viure», «fem el que toca fer», però hi ha alguns espais als quals podem arribar a ser «amos», a adonar-nos que els vivim i d'aquesta consciència en poden sorgir espurnes de llibertat. Quan ens adonem que vivim és quan tenim més oportunitat de «ser»; quan «fem», la majoria de vegades no tenim accés a ser conscients del que «som», tenim l'enteniment ocupat en l'acció. N'hi ha prou que, de tant en tant, siguem capaços de prendre consciència dels «ares» que ens pertoquen, i tindríem més clarament delimitada l'àrea dels fets que ens ocupen i del jo que «fa», però que, per damunt de tot, «és». L'única manera de poder acceptar els efectes de la temporalitat consisteix a autoestimar-nos, i fer-ho no solament per les coses que «fem», sinó per com «som». Quan s'estima el que s'és, se sap que sempre es podrà fer alguna cosa, per moltes limitacions que ens aporti l'envelliment o la malaltia. Els discapacitats, sobretot quan la discapacitació apareix sobtadament, saben que la millor manera de poder plantar cara a les seves limitacions en el «fer», consisteix a aprendre a estimar el «ser», que és, en darrer terme, el que ens permet el desenvolupament de les activitats més intrínsecament humanes: pensar, estimar, sentir...

La vida és una successió d'«ares» de què habitualment no ens conscienciem. Quan som capaços de fer-ho tenim l'oportunitat de viure el present i de reconèixer-nos-hi, mecanisme psicològic que pot alliberar-nos de les esclavituds que proporciona la temporalitat i allò que ens obstinem a fer per tal d'omplir-la.

Solem tenir poca tendència a reconèixer el nostre temps de present, el nostre «ara» queda difuminat en el record del passat i el neguit pel futur, la qual cosa no ens deixa gaudir de les realitats concretes que configuren cada espai temporal de la vida. Una manera de sostreure's a la por de l'envelliment consisteix a aprendre a viure la realitat de cada moment. Des de la perspectiva de les emocions, el neguit que proporciona el pas del temps se situa en l'angoixa que proporciona el futur, angoixa de què, poc o molt, ens alliberem en viure espais on tenim accés a la llibertat.

L'ésser humà del tombant de segle viu influït per un permanent missatge contradictori. D'una banda, sembla que la redistribució de la feina i les noves tecnologies ens haurien de portar a un increment considerable de temps lliure, fet que contrasta, d'altra banda, amb uns aprenentatges que, com he esmentat, busquen fonamentalment fer rendible el temps.

L'ésser humà que a les acaballes del segle XX sigui un adult gran, li falti poc temps per jubilar-se o acabi de fer-ho, es trobarà amb la perspectiva de disposar de molt de temps per fer allò que no li han ensenyat a fer. Una llarga etapa de persona gran, segurament amb unes condicions psíquiques i físiques força bones, en un context social que no ha trobat, fins ara, la manera d'aprofitar i canalitzar les seves energies. Tan sols li havien ensenyat a autovalorar-se pel que feia i, a més, l'havien preparat per fer com més millor, ara de manera sobtada es troba que no pot continuar vivint amb els mateixos paràmetres amb què ho havia fet fins aquell moment.

Les repercussions de l'allargament de la vida tenen traducció en dues dimensions: d'una banda, calen respostes d'urgència per als qui ja es troben en la situació que acabem de descriure; de l'altra, caldrà replantejar-se el tipus d'educació, per tal de donar importància no sols a la capacitat de ser productius, sinó a la d'aprendre a conrear habilitats que serveixin per a l'enriquiment personal al marge del terreny productiu; com també caldrà aconseguir una vida laboral amb espais que permetin la diversitat de dedicacions i interessos que siguin perdurables quan arribi el moment de la jubilació. Tot i que, com ja he apuntat, la dedicació al treball no podrà evitar-se, caldrà plantejar-se la vida com un recorregut del qual ens queden moltes coses per conèixer, com un trajecte en què es fan molts amics a qui no tens temps per escoltar, com una biblioteca on no pots llegir, ni de bon tros, tots els llibres que hi ha. En la mesura que l'etapa laboral hagi deixat portes de curiositat obertes, interessos o assignatures pendents, inquietuds insatisfetes, la jubilació podrà ser molt menys agressora.

El problema de la persona jubilada no consisteix a tenir més temps que quan treballava i no saber-lo ocupar. Això no és més que la conseqüència del veritable conflicte, que passa per perdre la sensació de ser una persona amb capacitats quan perd l'activitat sobre la qual sustentava la seva seguretat personal. Si l'alternativa que li procurem és tan sols una nova activitat, el que farem és perpetuar el conflicte, continuar depenent d'allò que es fa. Com que és molt possible que l'activitat que trobi no sigui tan valorable com la que feia quan treballava, lògicament no satisfarà la seva autoestima. Ens cal rescatar l'ésser humà de l'esclavatge de valorar-lo sistemàticament i únicament pel que fa, d'aquesta manera, faci el que faci, podrà separar el que «és» del que «fa» i sortir ben parat de l'autovaloració a què se sotmeti. Cal, però, que, tant en el pla personal com en el pla social, prenguem consciència de la condició efímera de la vida laboral, no pas per no dedicar-hi esforços ni interès, sinó per adonar-nos que cal preparar-se per a una etapa posterior en què la persona es despulla de la seva activitat professional i es queda sola amb el seu temps i el seu ser personal.

La situació d'en Josep i d'en Joan demana respostes immediates. Ells no poden aprofitar els consells que parlen d'entrenar-se per a la jubilació abans que arribi, ells ja hi són. Cal que arreli en la cultura de tots que una persona no pot valorar-se només pel que fa, cal reivindicar la necessitat de ser i adonar-nos que es pot continuar «sent» quan ja no es fa res espectacular o rendible.

Ens trobem en una contradicció que caldrà resoldre, com he exposat en l'apartat dedicat a parlar de la seguretat i les incerteses. Les empreses i, en general, el món laboral exigeixen una dedicació intensa i sense reserves durant el període de temps dedicat a treballar. De sobte canvien les exigències, s'acaba el temps de treballar i cal aprendre a viure sota un patró completament diferent. L'arrelament afectiu, la capacitat per la curiositat i el conreu d'aficions i interessos permetran, a qui hagi treballat de manera intensa durant l'època laboral, gaudir del temps que tindrà lliure un cop acabada aquesta. En canvi, els qui només hagin dedicat atenció a les seves capacitats productives, segurament es trobaran molt limitats a l'hora de voler desenvolupar una vida sense feina.

Els qui al llarg de la seva vida han tingut cura de potenciar altres aspectes del seu jo que no siguin els laborals, estaran en condicions favorables per afrontar la jubilació, molt més predisposats que els qui s'han dedicat únicament a treballar. Ens cal trobar respostes per als qui han tingut en la feina el centre de la seva vida. Actualment es fan cursets de preparació a la jubilació força recomanables. Malgrat que la majoria dels cursets insisteixen en la necessitat de continuar buscant ocupacions, ho fan des de la perspectiva de la trobada amb un mateix i intenten aconseguir desvincular l'autovaloració de l'activitat que es realitzi.

Quan s'entra en l'edat de persona gran, quan un es jubila i s'allibera d'un seguit de compromisos que l'ocupaven, té temps per pensar en molts aspectes de la seva vida. Sense proposar-s'ho analitzarà la qualitat de la seva vida afectiva, de la relació amb els amics, el tipus de relació que ha tingut amb els fills, la vinculació que ha establert amb les organitzacions socials i el grau de compromís adquirit. Tots aquests aspectes són una mesura de les possibilitats que resten a l'hora de «no haver d'anar a la feina». Un dia em trobava enraonant amb un home que reconeixia que «quan em vaig jubilar em vaig adonar que l'única cosa que veritablement m'havia motivat fins llavors havien estat els diners; m'ha costat descobrir que hi ha una pila de coses molt més gratificants». Són molts els afectats per aquesta dèria, però pocs els que ho admeten. El que sol ser més dramàtic per a qui ha viscut al marge de la seva afectivitat: parella, fills, amics i de les seves aficions, és que la seva deixadesa ha afectat les persones del seu entorn i no els resulta fàcil recuperar-se de les conseqüències d'una convivència enrarida per la manca d'estímuls afectius. La parella s'ha acostumat a viure sense caliu afectiu, els fills han après a ignorar, els amics no hi són o no estan acostumats a una relació estreta, de confiança i d'aficions, senzillament, no se'n tenen. Per això la persona que és conscient que ha viscut atrapada per la feina i que no ha atès altres aspectes de la seva vida, ha de ser conscient que, arribat el moment, viurà un cert nivell de crisi que podrà servir-li per reiniciar una etapa de la vida en què els sentiments i les emocions poden tenir un paper més important que les accions.

Esdevé imprescindible diferenciar la vivència de l'allargament de la vida en els homes i les dones. La distribució d'activitats i, al meu entendre, un nivell molt més elevat de curiositats en la dona que en l'home, fan que elles visquin molt menys traumàticament la jubilació, en part pel fet que d'una de les dues activitats que realitzen no es jubilen mai. Un altre aspecte és la consciència de l'envelliment que afecta la pèrdua dels patrons de bellesa estètica que imposa la societat. Quan la dona viu la seva vida com un objecte que necessita fer el màxim de goig possible, viu molt malament l'aparició d'arrugues, l'arrodoniment del seu cos i, en general, els signes d'envelliment detectables des de l'exterior. L'edat es converteix en una enemiga enfront de la qual només es pot actuar amb la disfressa o la dissimulació.

Actualment té lloc un procés d'equiparació. Molts homes es preocupen del seu aspecte exterior, mentre que, pel que sembla, les dones cada vegada s'hi obsessionen una mica menys. Sigui com sigui, la majoria de dones tenen més recursos per afrontar el fet de veure allargada l'expectativa de vida. Aquesta circumstància no es pot desvincular de la diversitat d'interessos que sol tenir la dona respecte a l'home. Sabem, per exemple, que un vuitanta per cent dels llibres que es compren avui dia ho fan les dones; que en la proporció dels assistents a conferències i actes culturals el nombre de dones duplica al d'homes; i que pel que fa a la presència en activitats participatives de tipus social també el nombre de dones és considerablement superior al d'homes. La suma de tots aquests factors ens proporciona una realitat diferenciada que potser amb la plena incorporació de la dona al món laboral tendirà a igualar-se una mica. De tota manera, conec nombroses dones que han viscut l'etapa de jubilació de la feina de manera joiosa i amb unes perspectives força engrescadores. En canvi, he vist com a algunes dones se'ls feia una muntanya la jubilació del seu marit: «No sé què en faré, d'ell, tot el dia a casa.» Molts marits estan acostumats a viure a la llar com un moble més, no participen en res i exigeixen atenció; quan es jubilen, «fan nosa» si no troben la manera d'incorporar-se a les tasques domèstiques en les quals ja havien d'haver participat abans, i de potenciar el caliu afectiu, element fonamental per fer suportable i fins i tot joiosa aquesta etapa de la vida. Tenir temps per compartir la vida amb qui estimes pot ser un estímul molt gratificant per als qui estan bé plegats, tenen encara coses a dir-se i activitats que els satisfan mútuament.

L'allargament de la vida no ha modificat la distribució de la resta de la temporalitat. Viure més vol dir, fins ara i previsiblement en el futur, tenir una etapa més llarga entre el final de la vida laboral i l'entrada a la vellesa, entesa com l'etapa en què les limitacions impedeixen una majoria d'activitats autònomes.

L'allargament d'aquesta etapa, juntament amb un seguit de situacions socials, algunes d'elles tractades en aquest llibre, fa possible l'acompliment d'algunes fites que havien quedat pendents al llarg de la vida i, alhora, l'aprofitament de les capacitats de les persones grans per col·laborar en activitats socials que estan desateses, aprofitant d'aquesta manera les seves capacitats encara del tot conservades.

Caldria aprendre a viure sense «ajornar les il·lusions per a un altre moment». Hi ha moltes coses que no podem fer durant la setmana i les deixem per al cap de setmana, hi ha coses que no podem fer durant l'any i les deixem per a les vacances. Tanmateix, hi ha moltes coses que no podem fer durant la vida laboral que poden ser deixades per a quan ens jubilem, per això només cal mantenir viu el reclam i l'interès de fer-ho.

La societat té necessitat de persones disposades a donar suport i ajuda als qui passen per precarietats afectives psíquiques o per malalties. Una societat, per ben organitzada que estigui, mai no podrà donar abast en la tasca de cobrir totes les necessitats dels ciutadans en situació de conflicte o de limitació. Les activitats de voluntariat són imprescindibles per al desenvolupament d'una societat solidària, d'un món solidari. L'etapa de la vida en què encara es tenen totes les capacitats conservades i es disposa de temps en estar apartat de l'activitat laboral és un període òptim per continuar sent útil als altres i per descobrir realitats que mai no s'haurien sospitat des de la vida professional. Cal tenir present que el voluntari dóna el seu temps i la seva disponibilitat, però que, en la realització de la seva tasca, viu una gran quantitat d'experiències que l'enriqueixen molt més del que podria pensar-se des de la perspectiva de la utilitat immediata i productiva.

Els avenços esdevinguts a la darreria del segle xx han allargat el temps de vida i, a més, han proporcionat, en la majoria de casos, la possibilitat de viure en plenitud de facultats i condicions físiques. De la capacitat de viure en plenitud i del temps lliure, per fer-ho sense condicionants, no se n'hauria de desprendre un conflicte, ans al contrari, hauria de ser una venturosa oportunitat que ens ofereix el progrés.

Fins ara m'he referit a l'allargament d'aquesta edat dels qui han tingut la sort de treballar fins a l'edat de jubilar-se i ho han pogut fer gaudint de salut. Cal que tinguem present que hi ha persones que han perdut la feina, per exemple als cinquanta anys, i han vist fracassats tots els intents de trobar-ne una altra, han hagut de viure de subsidis precaris o recórrer a l'ajuda de familiars. Ells han hagut d'aprendre per força a viure sense poder treballar, patint, a més a més, el sentiment de frustració i impotència que proporciona no poder respondre a les seves responsabilitats. Sembla, almenys així ens ho exposen els experts en economia, que anem cap a un món laboral més inestable i, per tant, amb un increment de situacions com la descrita. Caldrà mentalitzar-se, doncs, sobre la necessitat d'un reciclatge permanent per tal de tenir oportunitats fins que arribi l'hora de la jubilació. Es fa imprescindible que l'aturat, per dificultats que tingui a l'hora de cercar una feina, no visqui com un jubilat. Són dues situacions diferents que cal viure-les de manera diversa per mantenir l'esperança de treballar. Per això, a part de la voluntat personal, caldrà el suport institucional, organitzant més racionalment les ofertes laborals i les possibilitats de promoció professional.

Un altre col·lectiu de persones, a causa d'alguna precarietat física, passen a ser pensionistes molt abans dels seixanta anys. Quan encara són molt joves, han d'aprendre a viure sense activitat laboral i, alhora, amb limitacions que impossibiliten d'altres activitats. És en aquestes situacions on es tenen més evidències de la necessitat de deixar de valorar les persones pel que fan i fer-ho pel que són. A partir de la seva realitat humana poden, primer, estimar-se a ells mateixos i, després, fer-ho amb els altres i aportar el testimoni d'una vida aparentment buida de continguts però plena de vivències.

En tots els casos, la vida serà més planera del que pot semblar, les noves tecnologies ens posen a la nostra diposició una munió de possibilitats que ens permeten gaudir, si n'aprenem. I, alhora, tendim a tenir, cada vegada més, consciència del valor de la vida, de la nostra vida i de la nostra realitat personal. Aprofundir-hi és possible en totes les situacions. Algunes vegades hem de patir els efectes de les aportacions culturals. La cultura, però, ens allibera dels entorns en la mesura que ens permet endinsar-nos en nosaltres i en els qui estimem. Cal que la cultura ens ho posi de manifest obrint-nos la porta a un món apassionant i, alhora, ens permeti reconèixer la més esperançadora de les realitats: la persona que hi ha en cadascú, en cada moment, en totes les edats i en totes les situacions.

Imprès a Printer Industria Gráfica, S. A.
Sant Vicenç dels Horts
Barcelona